中國人의 俗談

陳起煥 編著

明文堂

編　者：陳起煥(진기환)

e-mail：jin47dd@hanmail.net

著　書：『儒林外史』明文堂

　　　　『史記講讀』明文堂

　　　　『東遊記』知永社

　　　　『中國人의 土俗神과 神話』知永社

　　　　『三國志 古事成語 辭典』明文堂

　　　　『三國志 故事名言 三百選』明文堂

　　　　『中國人의 俗談』明文堂 外 多數

흰 고양이(白猫)든 검은 고양이(黑猫)든 …

"사위가 대문에 들어서면 닭들의 넋이 나간다(姑爺進門 小鷄沒魂)."라는 중국 속담을 보면, 중국이나 우리나라 장모의 사위 사랑은 꼭 같습니다. 그리고 "이득이 있는 곳이라면 어디든 달려간다(利之所在 無所不趨)." "장사에는 크고 작고가 없다. 신용과 명예가 보배이다(生意無大小 信譽是個寶)."라는 속담은 장사에 열심인 중국인의 모습을 보는 것 같습니다. 그러나 "돈 앞에는 아버지나 아들도 없다(金錢分上無父

子)."라든지, "이해가 걸린 문제에는 형제도 없다(利害面前無兄弟)."는 속담은 우리에게도 그대로 통합니다.

이것은 "천리 밖의 말(언어)은 같지 않으나, 만리 밖 속담은 같다."(千里語言不一 萬里諺語一致)는 중국 속담 그대로 입니다. 다시 말해, 곳곳의 나라와 자연과는 상관없이, 민족이나 문화가 달라도, 사람이 사는 곳에서는 어디서나 비슷한 감정과 생각을 갖고 있다는 뜻입니다.

우리에게도 고상하고 재치 있는 표현과 심오한 이치를 가진 다양한 속담이 많이 있습니다. 우리의 속담(俗談)에 해당하는 중국어는 속어(俗語)입니다. 중국인들은 속어를 '오랜 세월을 두고 민중이 창조해낸 구두어(口頭語)'라고 정의합니다.

우리에게 중국의 고사성어(故事成語)는 많이 알려져 있어 우리의 일상생활과 사유(思惟)에 큰 영향을 주고 있습니다. 이제 중국과의 엄청난 경제적 문화적 교류를 생각할 때, 중국인의 속담에 대한 이해는 꼭 필요합니다. 중국 속담에는 한자가 갖고 있는 특성을 최대한 살려 그들의 학문과 지식, 역사와 문화, 그리고 생활의 지혜와 가르침이 농축되어 있으며 그 재치 있는 비유와 함축에 감탄하지 않을 수 없습니다.

우리나라나 중국이나 "쥐를 잡아야만 고양이(拿住耗子就是猫)."입니다. 이미 고인이 되었지만, 중국의 등소평(鄧小平)이 자기 고향 사천성의 속담(白猫黑猫)을 인용하여 "흰 고양이든 검은 고양이든 쥐를 잡는 고양이가 좋은 고양이다(白猫黑猫 抓到老鼠 就是好猫)."라고 자신의 경제정책과 정치

적 신념을 설명했을 때, 그 말의 뜻이 '무엇인지 모르겠다.'며
의아해 하는 사람은 없었을 것입니다. 고위 권력자이든
최고의 지식인이나 아니면 농촌마을의 장삼이사(張三李四)
모두에게 두루 통했던 이 속담 한마디는 중국과 중국인
모두에게 천지개벽과 같은 변화를 가져왔습니다.

우리가 어떤 일을 하면서, 또는 다른 사람에게 나의
의견을 제시하거나 설명해야 할 때, 아니면 자신의 속내를
상대방에게 슬쩍 내비치고자 할 때, 적절한 속담 한마디는
천언만어(千言萬語)보다 더 설득력이 있습니다. 이것이 바
로 속담이 갖는 놀라운 효용성입니다.

필자는 중국인들의 가정생활과 인생, 언행과 학문, 건강
과 일상생활, 사회와 경제생활에 관한 속담을 정선하여
『中國人의 俗談』(明文堂, 2008)으로 이미 출간한 바 있습니

6

다. 870페이지, 본문 588,000자로 중국속담 6,700개를 소개한 『中國人의 俗談』은 우리나라에서 처음 시도되고 출간되었다는 큰 의미를 갖고 있습니다.

그러나 중국과 우리나라의 긴밀한 교류와 경쟁 속에서 보다 손쉽게 중국의 속담을 접하고 활용할 수 있는 핸드북도 필요하다는 요청이 있어 이번에 새로이 중국속담 1,600개를 정선하여, 『中國人의 俗談』을 선보이게 되었습니다.

이 『中國人의 俗談』은 중국인들의 생활에 자주 쓰이는 속어, 곧 그들의 속담이나 관용어에 들어있는 생각이나 다양한 지혜의 보고(寶庫)를 모두에게 알리는데 목적이 있습니다.

필자는 중국의 문화, 경제, 사회 등 여러 분야의 지식을 배우려면 중국인의 속담은 꼭 알아야 한다고 확신합니다.

중국 문학을 전공하고자 하는 젊은 동학(同學)들에게, 또 중국어를 공부하고, 중국인들과 업무상 접촉이 있는 여러분들의 실용에 보다 큰 도움이 되었으면 합니다.

어느 한 사람이 나무를 심으면 뒷날 누군가는 그 큰 나무 그늘에서 더위를 식힐 것입니다. 필자의 이 조그만 책을 읽는 모든 분들이 뒷날 중국과 연관 있는 분야에서 큰 일을 할 수 있으리라 확신하며 이만 머리말에 가름합니다.

2010년 1월

도연(陶硯) 진기환(陳起煥)

1. 이 『中國人의 俗談』은 중국인들의 속담을 '제1부 경제생활에 관한 속담'을 필두로 모두 8개 영역으로 나누어 수록하였습니다. 8개 영역은 필자가 임의로 속담의 성격에 따라 분류하여 1,600개 중국 속담을 수록하였으며 본문은 12만여 자입니다.

2. 중국의 각종 사전은 한어병음자모(漢語拼音字母) 순, 곧 알파벳순으로 정리하였지만 우리에게는 별 의미가 없기에 각 영역별로 우리말 가나다순으로 정리하였으며 병음자모에 의한 발음과 성조(聲調)를 붙였습니다. 중국 속담은 중국인들의 구어체 문장이기 때문에 경성(輕聲), 얼화운(兒

化韻), 개사(介詞), 양사(量詞) 등 중국어(白話)를 공부하지 않은 사람들이 이해하기 어려운 부분이 있는 것은 사실입니다.

3. 독자들의 이해를 보다 쉽게 하기 위하여 어려운 한자의 음훈(音訓)을 각주로 달았습니다. 물론 앞에 나온 한자의 음훈을 뒤에 또 달기도 하였습니다. 그리고 중국어에서 사용되는 의미가 우리나라 자전(字典)의 의미와 다른 글자가 많습니다. 우리나라 자전에 수록된 의미와 함께 현대 중국어의 의미를 각주에 정리했습니다.

4. 본서는 번체자(繁體字)를 사용하였습니다. 중국에서 나오는 모든 책이 간체자(簡體字 简字)로 쓰였고, 중국 여행에서 우리가 보는 모든 글자가 간체자입니다. 간체자를

배워 알고 있는 사람이 번체자를 독해할 때 겪는 어려움은 그리 크지 않습니다. 그러나 많은 분들이 한자나 한문에 관한 지식이 있어도 간체자를 거의 모르는 경우가 지금 우리나라의 현실입니다. 그래서 간체자를 모르는 많은 분들을 위해서 번체자로 표기하는 것이 좋겠다고 필자는 판단하였습니다.

5. 도연명(陶淵明)의 시(詩)를 읽는 지금 사람이 도연명과 다른 뜻, 다른 감정으로 해석하고 받아들일 수도 있습니다. 중국 속담 한마디가 하나의 뜻만을 갖고 있지는 않습니다. 때문에 중국 속담을 이해하고 받아들이고 활용하는 것은 모두 독자의 몫입니다. 다만 속담 본뜻의 이해를 위하여 짧은 설명을 조금 첨부하였음을 아울러 밝혀둡니다.

中國人의 俗談

차 례

제1부 경제생활에 관한 속담

見小利卽 大事不成

논어(論語) 자로(子路)

幹一行 愛一行 gàn yī háng, ài yī háng

간 일 행 애 일 행

한 가지 장사를 하면 그 장사를 사랑하라!

幹一行 專一行 gàn yī háng, zhuān yī háng

간 일 행 전 일 행

자신이 하는 장사에 정통해야 한다.[1]

開店容易守店難 kāidiàn róngyì shǒudiàn nán

개 점 용 이 수 점 난

영업을 시작하기는 쉽고, 꾸려나가기는 어렵다.

高·大·精·尖 gāo·dà·jīng·jiān

고 · 대 · 정 · 첨

고급화 · 대량화 · 정품화 · 첨단화. 생산 기업의 일반적인 구호.[2]

隔行如隔山 gé háng rú gé shān

격 행 여 격 산

다른 장사는 산 너머 일과 같다.

---

1) **行** háng 직업, 장사, 점포. **幹活** 일을 하다.
2) **易** 바꿀(역), 쉬울(이), **容易** 쉽다. **尖** 뾰쪽할 첨, 첨단.

16

> 隔山買老牛 géshān mǎi lǎo niú
격 산 매 노 우

산 너머에서 소를 사들이다. (저쪽의 사정도 모르면서 거래를 하다.)3)

📖 見財不取非君子 jiàn cái bùqǔ fēi jūnzǐ
견 재 불 취 비 군 자

재물을 보고서도 취하지 않는다면 군자가 아니다.

> 見物不取 失之千里 jiànwù bùqǔ, shī zhī qiānlǐ
견 물 불 취 실 지 천 리

물건을 보고서도 갖지 않으면 천리를 잃을 수 있다.4)

📖 顧客就是皇帝 gùkè jiù shì huángdì
고 객 취 시 황 제

손님은 황제이다.

> 百貨中百客 bǎi huò zhòng bǎi kè
백 화 중 백 객

다양한 상품으로 여러 고객의 수요를 맞추다.5)

---

3) 隔 사이 뜰 격.
4) 取 취할 취, 잡다.

📖 **過了這個村, 就沒這個店了**
　　과 료 저 개 촌　 취 몰 저 개 점 료
　　guòle zhègè cūn, jiù méi zhègè diànle

　이 마을을 지나면, 이런 점포가 없다.

➤ **只此一家 別無分店**　zhǐ cǐ yī jiā, bié wú fēndiàn
　　지 차 일 가 별 무 분 점

　오직 이 상점뿐이고, 다른 분점은 없다.[6]

📖 **狗來富 猫來開當鋪**　gǒulái fù, māo lái kāi dàngpu
　　구 래 부 묘 래 개 당 포

　개가 모여들면 부자가 되고, 고양이가 모여들면 전당
　포를 연다.

➤ **肥駱駝拱門**　féi luòtuó gǒng mén
　　비 낙 타 공 문

　살찐 낙타가 문을 열고 들어오다.[7]

📖 **勤能致富 儉能養廉**
　　근 능 치 부 검 능 양 염

---

5) **顧** 돌아볼 고. **就是** 바로 ~이다. **中** 뜻에 맞추다.
6) **這** 이 저. **個** 하나의, 한 개, 양사(量詞), **此** 이 차.
7) **猫** 고양이 묘. **當鋪** 전당포. **駱** 낙타 낙. **拱** 두 손 맞잡을 공.

18

qín néng zhì fù, jiǎn néng yǎng lián

근면하면 부자가 될 수 있고, 검소한 생활은 청렴한 마음을 기른다.

➤ **勤是財外財** qín shì cái wài cái
근 시 재 외 재

근면은 재산 이외의 또 다른 재산이다.[8]

📖 **近水樓臺先得月** jìn shuǐ lóu tái xiān dé yuè
근 수 누 대 선 득 월

물가에 있는 누각에 제일 먼저 달빛이 비친다. (관계가 가까워야 얻는 것이 있다.)

➤ **近廚房有得吃** jìn chúfáng yǒu déi chī
근 주 방 유 득 흘

부엌이 가까우면 먹을 걸 얻을 수 있다.[9]

📖 **金錢能使鬼推磨** jīnqián néng shǐguǐ tuīmò
금 전 능 사 귀 추 마

돈이면 귀신에게 맷돌을 돌리게 할 수도 있다.

---

8) 致 이를 치, 실현하다.
9) 廚 부엌 주.

➢ **錢能够通神** qián nénggòu tōng shén
  전 능 구 통 신

  돈이 많으면 귀신과도 통할 수 있다.[10]

📖 **金錢分上無父子** jīnqián fēnshang wú fùzǐ
  금 전 분 상 무 부 자

  금전을 나누는 데는 아버지와 아들도 없다.

➢ **利害面前無兄弟** lìhài miànqián wú xiōngdì
  이 해 면 전 무 형 제

  이해가 걸린 문제라면 형제도 없다.[11]

📖 **哪兒有魚 就在哪兒下網**
  나 아 유 어 취 재 나 아 하 망
  nǎr yǒu yú, jiù zài nǎr xiàwǎng

  물고기가 있는 곳이라면 어디든 그물을 던진다.

➢ **無狐不成村** wú hú bù chéng cūn
  무 호 불 성 촌

  여우가 없으면 마을이 아니다.[12]

---

10) **錢** 돈 전. **够** 많을 구. **使** 시킬 사. **推** 밀 추. **磨** 갈 마, 맷돌.
11) **利害** 이익과 손해.

📖 **拿五馬倒六羊** ná wǔmǎ dǎo liùyáng
나 오 마 도 육 양

말 다섯 마리로 양 여섯 마리와 바꾸다.

➤ **黃金當生銅 珍珠當綠豆**
황 금 당 생 동　　진 주 당 녹 두
huángjīn dàng shēngtóng, zhēnzhū dàng lǜdòu

황금을 구리라고 말하고, 진주를 녹두라고 한다. (물
건을 볼 줄 모른다.)[13]

📖 **拿着猪頭 不怕找不着廟門**
나 착 저 두　　불 파 조 불 착 묘 문
názhe zhūtóu bù pà zhǎobùzhǎo miàomén

돼지머리를 갖고서는 사당의 문을 못 찾을까 걱정하
지 않는다. (좋은 물건은 매출 걱정을 하지 않는다.)

➤ **拿猪頭送錯了廟門** ná zhūtóu sòng cuòle miàomén
나 저 두 송 착 료 묘 문

돼지머리를 엉뚱한 사당에 보내다. (능력을 가지고서
도 사람을 잘못 찾아가다.)[14]

---

12) **哪兒** 어디, 어느 곳. **就** 곧, 바로. **下** 던지다, 내리다.
13) **拿** 잡을 나. **倒** 넘어질 도, 바꾸다, 넘기다. **珍** 보배 진, **珠** 구슬
주.

📖 **寧捨命 不捨錢** nìng shě mìng, bù shě qián
영 사 명　　불 사 전

차라리 목숨을 버릴지언정 돈을 놓지 말라.

➢ **寧捨人 不捨錢** nìng shě rén, bù shě qián
영 사 인　　불 사 전

차라리 사람을 잃더라도 돈을 놓지 말라.[15]

📖 **寧吃過頭飯 莫說過頭話**
영 흘 과 두 반　　막 설 과 두 화
nìng chī guò tóufàn, mò shuō guòtóu huà

차라리 밥을 많이 먹더라도, 지나친 말은 하지 말라.

➢ **寧捨十畝地 不吃啞巴虧**
영 사 십 무 지　　불 흘 아 파 휴
nìng shě shímǔdì, bù chī yābakuī

열 마지기 땅을 잃을지언정 말 못할 손해는 당하지 말라.[16]

---

14) **帕** 두려워할 파. **找** 찾을 조. **廟** 사당 묘.

15) **捨** 버릴 사.

16) **寧** 차라리 ~하다. **過頭飯** 정량보다 많은 밥. **過頭話** 지나친 말.
　　啞巴 벙어리. **虧** 일그러질 휴, 손해.

大木飄一葉 太倉減一粟
대 목 표 일 엽　 태 창 감 일 속
dàmù piāo yī yè, tàicāng jiǎn yī sù

큰 나무의 잎사귀 하나, 큰 창고에 좁쌀 하나 없어지다.

給錢找出路 gěi qián zhǎo chūlù
급 전 조 출 로

돈이 나갈 길을 찾아주다. (재물을 허비하다.)[17]

大處着眼 小處着手
대 처 착 안　 소 처 착 수
dàchù zhuóyǎn xiǎochù zhuóshǒu

큰 문제에 착안하여 작은 일부터 손을 대다. (전체를 본 뒤, 작고 가까운 일부터 시작한다.)

小道理服從大道理 xiǎo dàolǐ fúcóng dà dàolǐ
소 도 리 복 종 대 도 리

작은 이치는 큰 이치에 복종해야 한다. (개인보다 전체 이익을 우선하라.)[18]

---

17) 飄 회오리바람 표. 倉 곳집 창, 창고. 粟 조 속, 곡식 알갱이.
18) 從 따를 종.

23

📖 **大河裏沒魚 小河裏沒蝦**

대 하 리 몰 어　소 하 리 몰 하

dàhé lǐ méiyú, xiǎohé lǐ méixiā

큰물에 고기가 없다면 작은 내에는 새우도 없다.

➤ **河裏無魚市上看** hélǐ wúyú shìshang kàn

하 리 무 어 시 상 간

강에는 물고기가 없어도 시장에서는 볼 수 있다. (이
쪽에 없는 물건은 저쪽에 있다.)[19]

📖 **東家掌櫃** dōngjiā zhǎngguì

동 가 장 궤

밑천을 대고 실제로 점포를 운영하는 사람. 자영업자.

➤ **同行是冤家** tóngháng shì yuān jiā

동 행 시 원 가

동업자가 바로 원수. (불편한 경쟁관계.)[20]

---

19) **蝦** 새우 하.

20) **東家** 주인, 주인은 동편, 손님은 서편에 자리했음. **掌** 손바닥 장,
장악하다. **櫃** 함 궤, 돈 궤짝. **掌櫃** 현금 궤를 쥐고 있는 사람,
점포주인.

📖 **得價不擇主** dé jià bù zé zhǔ
득 가 불 택 주

값만 맞으면 손님을 고르지 않는다.

➤ **朝晚時價不同** zhāowǎn shíjià bù tóng
조 만 시 가 부 동

아침저녁으로 가격이 같지 않다.[21]

📖 **得便宜處失便宜** dé piányi chù shī piányi
득 편 의 처 실 편 의

이익을 본 곳에서 손해를 보다.

➤ **得意不可再往** déyì bù kě zài wǎng
득 의 불 가 재 왕

내 뜻대로 되는 일이 두 번은 없다.[22]

📖 **良好的開端 成功的一半**
양 호 적 개 단　성 공 적 일 반
liánghǎo de kāiduān, chénggōng de yībàn

좋은 시작은 절반이 성공이다.

---

21) **擇** 고를 택. **晚** 늦을 만, 저녁 때. **不** ㄷ, ㅈ 앞에서는 '부'로 읽는다.
22) **便宜** 값이 싸다, 이익, 공짜, 값을 깎다.

➤ **良賈深藏若虛** liánggǔ shēncáng ruòxū
양 고 심 장 약 허

수완 좋은 상인은 좋은 상품을 없는 듯 깊이 보관한
다.[23]

📖 **來得容易去得易** láidé róngyì qùdé yì
내 득 용 이 거 득 이

쉽게 들어온 돈은 쉽게 나간다.

➤ **容易不值錢 值錢不容易**
용 이 불 치 전   치 전 불 용 이
róngyi bù zhíqián, zhíqián bù róngyi

쉬운 일은 돈이 되지 않고, 돈이 되는 일은 쉽지 않
다.[24]

📖 **賣狗皮膏藥** mài gǒupí gāoyào
매 구 피 고 약

개가죽으로 만든 고약을 팔다. (가짜로 사람을 속이
다.)

---

23) 端 끝 단. 開端 시작하다. 賈 상인 고. 藏 감출 장. 若 같을 약.
24) 得 dé, 동사 뒤에 쓰여 가능을 나타냄. 值 값 치.

➢ **說眞方賣仮藥** shuō zhēnfāng, mài jiǎyào
설 진 방 매 가 약

진짜 약이라고 말하면서 가짜 약을 팔다.[25]

📖 **賣瓜的誰說瓜苦** màiguāde shéi shuō guā kǔ
매 과 적 수 설 과 고

오이를 팔면서 누가 오이가 쓰다고 말하는가?

➢ **老王賣瓜 自賣自誇**
노 왕 매 과   자 매 자 과
Lǎo Wáng màiguā zì mài zì kuā

왕씨는 오이를 팔면서 제 물건 제가 자랑한다.[26]

📖 **賣梨不賣筐** màilí bùmài kuāng
매 리 불 매 광

배梨를 팔았지만 광주리는 팔지 않았다.

➢ **賣馬不賣繮** màimǎ bù mài jiāng
매 마 불 매 강

말은 팔았지만 고삐는 팔지 않았다. (형편이 나빠 팔

---

25) 狗 개 구. 膏 살찔 고.
26) 瓜 오이 과. 誰 누구 수. 什麼 어떤. 誇 자랑할 과.

았지만, 곧 복구한다는 의지.)[27)]

📖 **買賣靠計算 種田靠早起**
매 매 고 계 산 　 종 전 고 조 기
mǎimai kào jì suàn, zhǒngtián kào zǎoqǐ

장사는 계산을 잘 해야 하고 농사는 일찍 일어나야 한다.

➤ **買理賣理不說理** *mǎilǐ màilǐ bùshuōlǐ*
매 리 매 리 불 설 리

산다고 판다고 하면서 도리에 맞는 말은 없다.[28)]

📖 **買賣不成仁義在** *mǎimai bùchéng rényì zài*
매 매 불 성 인 의 재

매매가 깨지더라도 좋은 이야기만 해야 한다.

➤ **賣買成交一句話** *mǎimai chéngjiāo yījùhuà*
매 매 성 교 일 구 화

매매가 성사되면 가격을 바꾸지 말아야 한다. (신용을 지켜야 한다.)[29)]

---

27) **筐** 광주리 광. **繮** 고삐 강.
28) **種田** 농사. **買賣** 장사, 상점, 매매.
29) 중국어 사전에는 '**買賣**', 우리말 사전에는 '**賣買**'.

📖 **賣出去的貨 潑出去的水**
매 출 거 적 화　발 출 거 적 수
mài chūqùde huò, pō chūqùde shuǐ

팔아버린 물건은 땅에 뿌려버린 물이다.

➤ **賣貨要賣於識者** màihuò yào mài yú shízhě
매 화 요 매 어 식 자

상인은 물건을 아는 사람에게 팔려고 한다.[30]

📖 **賣鞋的赤脚跑** màixiéde chìjiǎo pǎo
매 혜 적 적 각 포

신발장수가 맨발로 다닌다.

➤ **賣油的娘子水梳頭** màiyóude niángzǐ shuǐ shūtóu
매 유 적 낭 자 수 소 두

머릿기름 파는 처녀가 맹물로 머리를 빗다.[31]

📖 **毛毛細雨濕衣裳** máomáoyǔ dǎshī yīshang
모 모 세 우 습 의 상

가랑비에 옷이 젖는다.

---

30) 潑 뿌릴 발. 識 알 식.
31) 鞋 신발 혜. 的 '~하는 사람'. 赤脚 맨 발. 梳 빗 소, 머리 빗다.

➢ **杯杯酒吃垮家産** bēibēijiǔ chīkuǎ jiāchǎn
　　배 배 주 흘 과 가 산

한 잔 한 잔 마시는 술이 가산을 절단 낸다.32)

📖 **沒本錢買賣 賺起賠不起**
　　몰 본 전 매 매　잠 기 배 불 기
　　méi běnqián mǎimai zhuànqǐ péi bùqǐ

본전이 없는 장사는 벌면 일어나지만, 밑지면 망한다.

➢ **賠了米又砸鍋** péile mǐ yòu záguō
　　배 료 미 우 잡 과

쌀도 잃고, 솥도 깨졌다. (큰 손해를 보았다.)33)

📖 **沒有三分利 誰起早五更**
　　몰 유 삼 분 리　수 기 조 오 경
　　méiyǒu sānfēn lì, shuí qǐ zǎo wǔgēng

3분 3할의 이익이 없다면 누가 이른 새벽에 일어나겠
는가?

➢ **早起五更 夜睡三更**
　　조 기 오 경　야 수 삼 경

---

32) **濕** 젖을 습. **裳** 치마 상. **垮** 무너질 과.
33) **賺** 돈 벌 잠. **賠** 물어줄 배, 손해보다. **砸** 칠 잡, 깨트리다.

zǎoqǐ wǔgēng, yè shuì sān gēng

아침에는 5경에 일어나고, 밤에는 3경에 잠이 든다.[34]

📖 **物以稀爲貴** wù yǐ xī wéi guì
물 이 희 위 귀

물건은 희소성이 있어야 귀하다.

➤ **物有不同物 人有不同人**
물 유 부 동 물　인 유 부 동 인
wù yǒu bù tóng wù, rén yǒu bù tóng rén

물건은 물건마다 다르고, 사람은 사람마다 다르다.[35]

📖 **眉開眼笑三分寶** méikāi yǎnxiào sānfēn bǎo
미 개 안 소 삼 분 보

눈웃음으로 싱글벙글하는 얼굴은 3할의 보배이다.

➤ **會說會笑 金錢來到** huìshuō huìxiào, jīnqián láidào
회 설 회 소　금 전 내 도

말 잘하고 잘 웃으면 돈이 들어온다.[36]

---

34) **沒有** ~이 없다. **三分** 열중에서 3개, 곧 3할. **誰** 누구 수.
35) **稀** 드물 희.
36) **眉開眼笑** 싱글벙글 웃다. **會** '할 줄 알다'.

📖 **薄利多銷 多中求利**
박 리 다 소 다 중 구 리
bólì duōxiāo, duō zhōng qiú lì

적은 이익으로 많이 파니, 다량 판매로 이익을 낸다.

➤ **薄利招客 暴利逐客** bólì zhāo kè, bàolì zhú kè
박 리 초 객 폭 리 축 객

박리로 손님을 모으지만, 폭리는 손님을 쫓는다.37)

📖 **發財致富** fācái zhìfù
발 재 치 부

돈을 벌어 부를 이루다.

➤ **不貪財 禍不來** bù tān cái, huò bù lái
부 탐 재 화 불 래

재물을 탐하지 않으면 재앙은 없다.38)

📖 **發展中不忘穩健** fāzhǎn zhōng bù wàng wěn jiàn
발 전 중 불 망 온 건

발전할 때 온건한 안정을 잊지 않는다.

----

37) **薄** 엷을 박. **銷** 녹일 소. **逐** 쫓을 축.
38) **發財** 돈을 벌다. **貪** 탐할 탐.

➤ 穩健中不忘發展 wěnjiàn zhōng bùwàng fāzhǎn
온 건 중 불 망 발 전

안정 속에서도 발전해야 한다는 것을 잊지 않다.[39]

📖 放閻王帳是缺德事
방 염 왕 장 시 결 덕 사
fàng yánwangzhàng shì quē dé shì

고리채를 놓는 것은 사람이 할 짓이 아니다.

➤ 無債一身輕 有子萬事福
무 채 일 신 경 유 자 만 사 복
wú zhài yīshēn qīng, yǒu zǐ wànshì fú

남에게 빚진 일이 없으니 한 몸이 편안하고, 자식도
있으니 모든 일이 복이다.[40]

📖 放一支箭 射三隻鳥
방 일 지 전 사 삼 척 조
fàng yī zhī jiàn, shè sān zhī niǎo

화살 하나로 세 마리 새를 쏘아 잡다.

---

39) 穩 평온할 온. '發展中~不忘發展' 아시아 최고 부자인 홍콩의
리키싱(李嘉成) 청쿵(長江)그룹 회장의 비즈니스 모토.
40) 閻王帳 고리 채. 債 빚 채.

➤ **走道拾元寶 只花彎腰的工夫**
주 도 습 원 보　지 화 만 요 적 공 부
zǒudào shí yuánbǎo zhǐ huā wānyāodė gōngfu

길을 가다가 큰 말굽 은돈을 주었는데 다만 허리를
한 번 구부렸을 뿐이다.[41]

📖 **本滾利 利滾本** běn gǔn lì, lì gǔn běn
본 곤 리　이 곤 본

본전이 이자를 새끼치고, 이자가 본전을 키운다.

➤ **無本難求利** wú běn nán qiú lì
무 본 난 구 리

본전이 없으면 이익을 얻기 어렵다.[42]

📖 **本大利寬** běn dà lì kuān
본 대 이 관

본전이 많아야 이익도 많다.

➤ **長袖善舞 多財善賈**
장 수 선 무　다 재 선 고

---

41) 花箭 (돈을) 쓰다. 工夫 (투자한) 시간. 노력. 彎 굽을 만, 굽히다.
　　腰 허리 요. 元寶 큰 돈.
42) 滾 흐를 곤, 구르다, 굴리다.

34

chángxiù shàn wǔ, duō cái shàn gǔ

옷소매가 길어야 춤이 좋고, 돈이 많으면 장사가 잘
된다.[43]

📖 **富貴之家無才子** fùguì zhī jiā wú cáizǐ
부 귀 지 가 무 재 자

부귀한 집에 재주 있는 아들 없다.

➤ **富無良妻 貧無良駒** fù wú liángqī, pín wú liángjū
부 무 양 처 빈 무 양 구

부자에게 어진 아내 없고, 빈자에게 살찐 망아지 없
다.[44]

📖 **不圖鍋巴吃 不在鍋邊轉**
부 도 과 파 흘 부 재 과 변 전
bù tú guōbā chī, bùzài guōbiān zhuàn

누룽지라도 먹을 수 없다면, 솥 근처에 얼씬거리지
않는다.

➤ **無利不向前** wú lì bù xiàng qián
무 리 불 향 전

---

43) **袖** 소매 수. **賈** 장사 고.
44) **駒** 망아지 구.

이득이 없다면 앞으로 나가지 않는다.⁴⁵⁾

📖 **富無三代享** fù wúo sān dài xiǎng
부 무 삼 대 향

3대에 걸친 부자 없다.

➤ **富了貧 還穿三年綾**
부 료 빈　환 천 삼 년 능
fùle pín hái chuān sānnián líng

부자가 망했어도 3년은 비단 옷을 입는다.⁴⁶⁾

📖 **富有富打算 窮有窮打算**
부 유 부 타 산　궁 유 궁 타 산
fù yǒu fù dǎsuàn, qióng yǒu qióng dǎsuàn

부자는 부자의 계산이 있고, 가난뱅이는 가난한 대로
계산속이 있다.

➤ **富則盛 貧則病** fù zé shèng, pín zé bìng
부 즉 성　빈 즉 병

부자는 몸이 성하고 빈자는 병이 많다.⁴⁷⁾

---

45) 圖 그림 도, 꾀하다. 鍋 솥 과.
46) 享 누릴 향, 제사 향. 穿 뚫을 천, 옷을 입다.
47) 打算 계산을 하다. 盛 담을 성, 번성할 성.

不知鹿死誰手 bùzhī lù sǐ shuí shǒu
부 지 녹 사 수 수

사슴이 누구의 손에 죽을지 모른다. (누가 천하의 패
권을 잡을지 모른다.)

➤ 船多不碍江 chuán duō bù ài jiāng
선 다 불 애 강

배가 많다고 하여 강이 막히는 것은 아니다. (경쟁자
가 많아야 좋다.)[48]

不見眞佛不念眞經 bùjiàn zhēnfó bù niàn zhēnjīng
불 견 진 불 부 념 진 경

진짜 부처를 보기 전에는 불경을 외지 않는다. (꼭 요긴
한 사람을 만나기 전에는 사실을 말하지 않는다.)

➤ 不見高處站 不懂問老漢
불 견 고 처 참   부 동 문 노 한
bù jiàn gāo chù zhàn, bù dǒng wèn lǎohàn

보이지 않는다면 높은 곳에 올라서야 하고, 이해할
수 없다면 노인한테 물어야 한다.[49]

---

48) 鹿 사슴 록. 천하를 다스리는 패권을 상징. 誰 누구 수.
49) 懂 dǒng 알다, 깨닫다.

不見兎子不撒鷹 bù jiàn tùzǐ bù sā yīng
불 견 토 자 불 살 응

토끼를 보기 전에는 사냥매를 풀어놓지 않다. (확실한
이익이 있어야 착수한다.)

不見魚出水 不下釣魚竿
불 견 어 출 수 불 하 조 어 간
bù jiàn yú chū shuǐ, bù xià diàoyúgān

고기 노는 것이 보이지 않으면 낚싯대를 담그지 않는
다.[50]

不殺窮人不富 bù shā qióng rén bù fù
불 살 궁 인 불 부

가난한 사람을 죽이지 않으면 부자가 되지 않는다.

窮村有富戶 富村有窮人
궁 촌 유 부 호 부 촌 유 궁 인
qióngcūn yǒu fùhù, fùcūn yǒu qióngrén

가난한 동네에도 부잣집은 있고, 부자동네에도 가난
뱅이가 있다.[51]

---

50) 撒 뿌릴 살, 풀어놓다. 鷹 매 응.

51) 窮 가난할 궁, 다할 궁. 窮地, 窮人 가난뱅이.

38

📖 **不義富貴如浮雲** bùyì fùguì rú fúyún
불 의 부 귀 어 부 운

의롭지 못한 부귀는 뜬구름과 같다.

➤ **富貴生淫慾** fùguì shēng yínyù
부 귀 생 음 욕

부귀는 음욕을 낳는다.[52]

📖 **飛來橫財 非福是禍** fēilái hèngcái fēi fú shì huò
비 래 횡 재 비 복 시 화

굴러온 횡재는 복이 아니라 재앙이다.

➤ **橫財不富命窮人** hèngcái bù fù mìng qióng rén
횡 재 불 부 명 궁 인

팔자가 가난한 사람은 횡재를 해도 부자가 되지 못한다.[53]

📖 **比上不足 比下有餘** bìshàng bùzú, bǐxià yǒuyú
비 상 부 족 비 하 유 여

위를 보면 부족하고 아래를 보면 여유가 있다.

---

52) 浮 뜰 부. 淫 방탕할 음, 넘칠 음.
53) 橫財 정당하지 않은 방법으로 얻은 뜻밖의 돈.

➤ **穿草鞋游西湖** chuān cǎoxié yóu XīHú
　천 초 혜 유 서 호

짚신을 신고 서호를 유람하다. (자기 신분을 잊어버림.)54)

📖 **殺頭的生意有人做 賠本的生意沒人做**
　살 두 적 생 의 유 인 주　배 본 적 생 의 몰 인 주
shātóude shēngyi yǒurén zuò, péiběnde shēngyi méi rén zuò

목숨을 건 장사를 하는 사람은 있어도, 본전을 까먹는 장사를 하는 사람은 없다.

➤ **秤平斗滿 顧客心暖**
　칭 평 두 만　고 객 심 난
chèng píng dǒu mǎn, gùkè xīn nuǎn

저울눈이 정확하고 말[斗]의 용량이 가득하면 고객 마음이 즐겁다.55)

📖 **三百六十行 行行出狀元**
　삼 백 육 십 행　행 행 출 장 원

---

54) **鞋** 신발 혜. **西湖** 저장성 항조우(杭州)에 있는 유명한 호수.

55) **生意** 장사. **賠** 물어줄 배. **做** 지을 주. **秤** 저울 칭稱의 俗字. **顧** 돌아볼 고.

sānbǎi liùshí háng, hángháng chū zhuàngyuán

3백6십 점포 어느 점포에서든 성공한 사람은 반드시 나온다.

➤ 三百六十行 各爲各人忙
　삼 백 육 십 행　각 위 각 인 망
sānbǎi liùshí háng, gè wèi gèrén máng

모든 점포가 각각 나름대로 다 바쁘다.[56]

📖 上無片瓦 下無寸土
　상 무 편 와　하 무 촌 토
shàng wú piàn wǎ, xià wú cùn tǔ

위로는 기와 한 장 아래로는 한 치의 땅도 없다.

➤ 上無一片瓦 家無隔夜糧
　상 무 일 편 와　가 무 격 야 량
shàng wú yīpiàn wǎ, jiā wú gé yè liáng

위로는 기와 한 장 없고, 집에는 다음날 양식이 없다.[57]

---

56) 忙 분주할 망.

57) 片 조각 편. 隔 사이 뜰 격. 夜 밤 야. 糧 양식 량.

📖 **常將有日思無日** cháng jiāng yǒurì sī wúrì
상 장 유 일 사 무 일

언제나, 있는 날에는 없는 날을 생각하라.

➢ **莫待無時思有時** mò dài wúshí sī yǒushí
막 대 무 시 사 유 시

없을 때는 있을 때를 기대하지 말라.58)

📖 **生意無大小　信譽是個寶**
생 의 무 대 소　신 예 시 개 보
shēngyi wú dàxiǎo, xìnyù shì gè bǎo

장사에는 크고 작고가 없다. (신용과 영예가 보배이다.)

➢ **生意在後　仁義在先**
생 의 재 후　인 의 재 선
shēngyì zài hòu, rényì zài xiān

장사보다 인의仁義가 먼저다.59)

📖 **惜脂失掌** xī zhī shī zhǎng
석 지 실 장

---

58) 莫 말 막, ~하지 말라.
59) 譽 기릴 예, 칭찬하다.

손가락을 아끼려다가 손바닥을 잃는다. (지나친 절약
은 오히려 화근이 된다.)

➤ **財從細起 富從儉來**
재 종 세 기   부 종 검 래
cái cóng xì qǐ, fù cóng jiǎn lái

재물은 작은 것에서 나오고, 부富는 검소한 생활에서
시작된다.[60]

📖 **船工多打爛船** chuángōng duō dǎlàn chuán
선 공 다 타 난 선

뱃사공이 많으면 배를 부수게 된다.

➤ **木匠多蓋歪房** mù jiàng duō gài wāi fáng
목 장 다 개 왜 방

목수가 많으면 집을 삐딱하게 짓는다.[61]

📖 **先君子 後小人** xiān jūnzǐ hòu xiǎorén
선 군 자   후 소 인

처음에는 군자, 나중에는 소인. (처음에는 군자처럼

---

60) **掌** 손바닥 장.
61) **船工** 뱃사공. **爛** 문드러질 난. **蓋** 덮을 개, 집을 짓다.

말하지만 나중에는 이익을 남긴다.)

➤ **先小人 後君子** xiān xiǎorén, hòu jūnzǐ
선 소 인　후 군 자

처음엔 소인, 나중에는 군자. (먼저 조건을 제시하고,
거래가 성사된 다음에는 꼭 지킨다.)[62]

📖 **鮮的不吃 吃醃的** xiān de bù chī, chī yān de
선 적 불 홀　홀 엄 적

신선한 것은 안 먹고 절인 것을 먹다. 좋고 나쁜 것을
구분 못하다.

➤ **鮮魚水菜 良心買賣**
선 어 수 채　양 심 매 매
xiānyú shuǐcaì, liángxīn mǎimài

생선과 미나리는 양심으로 사고판다.[63]

📖 **小本經營 朝貨夕賣**
소 본 경 영　조 화 석 매
xiǎoběn jīngyíng zhāo huò xī mài

---

62) 後 뒤 후, 나중에.
63) 醃 절인 채소 엄. 水菜=水芹 미나리 근.

적은 자본의 장사는 아침에 사서 저녁에 팔아야 한다.

➢ **貨賣識家** huò mài shíjiā
  화 매 식 가

물건은 가치를 아는 사람에게 팔린다.[64]

📖 **小財不出 大財不入**
  소 재 불 출　대 재 불 입
  xiǎo cái bùchū, dàcái bù rù

작은 돈을 쓰지 않으면 큰 돈이 들어오지 않는다.

➢ **小錢去 大錢來** xiǎoqián qù, dàqián lái
  소 전 거　대 전 래

작은 돈이 나가야 큰 돈이 들어온다.[65]

📖 **十年富 栽林木** shínián fù, zāi línmù
  십 년 부　재 림 목

10년 안에 부자가 되려면 나무를 심어라!

➢ **十年樹木 百年樹人** shínián shùmù, bǎinián shùrén
  십 년 수 목　백 년 수 인

---

64) 貨 물건 화, 팔다, 놈, 자식욕 말.
65) 錢 돈 전.

10년을 내다보며 나무를 심고 백년을 본다면 인재를 길러라!66)

📖 **十商九奸** shí shāng jiǔ jiān
　　십　상　구　간

상인 열 명 중 아홉은 교활하다.

➤ **大官不如大商** dà guān bùrú dàshāng
　　대　관　불　여　대　상

큰 벼슬은 대상인만 못하다.67)

📖 **老魚不上鉤** lǎoyú bù shànggōu
　　노　어　불　상　구

경험 많은 물고기는 미끼에 걸려들지 않는다.

➤ **貪食的魚易上鉤** tānshíde yú yì shànggōu
　　탐　식　적　어　이　상　구

미끼를 탐하는 고기가 쉽게 낚시에 걸린다.68)

---

66) **栽** 심을 재. **樹** 나무 수, 나무를 심다.

67) **奸** 간사할 간, 교활할 간.

68) **鉤** 갈고리 구, 올가미, 낚시.

📖 **愛打魚人不撈鰕** ài dǎyú rén bùlāoxiā
애 타 어 인 불 로 하

물고기 잡기를 좋아하는 사람은 새우를 건지지 않는
다.

➤ **種菜如綉花** zhòngcài rú xiùhuā
종 채 여 수 화

채소 농사는 꽃수를 놓는 것 같다. (손품이 많이 들어
간다.)[69]

📖 **腰間有貨不愁窮** yāojiān yǒu huò bù chóu qióng
요 간 유 화 불 수 궁

허리춤에 돈이 있다면 궁한 걱정은 안 한다.

➤ **腰有錢糧 氣粗膽壯**
요 유 전 량   기 조 담 장
yāo yǒu qiánliáng qì cū dǎn zhuàng

허리춤에 돈과 양식이 있다면 기운도 나고 담도 커진
다.[70]

---

69) **打魚** 고기를 잡다. **撈** 건질 노로. **鰕** 새우 하. **綉** 수놓을 수.
70) **腰** 허리 요. **愁** 근심 수.

📖 **要發財 做買賣** yào fācái, zuò mǎimai
요 발 재　주 매 매

부자가 되려면 장사를 하라.

➢ **若要富 修公路** ruò yào fù, xiū gōnglù
약 요 부　수 공 로

한 지역이 부자가 되려면 도로를 만들어라.[71]

📖 **搖錢樹** yáo qián shù
요 전 수

흔들면 돈이 쏟아진다는 나무. (섣달그믐 경에 종이에
재복財福 자를 써서 매다는 나무.)

➢ **搖錢樹是手 聚寶盆是田**
요 전 수 시 수　취 보 분 시 전
yáo qián shù shì shǒu, jù bǎo pén shì tián

요전수는 바로 네 손이고, 화수분은 바로 농사짓는
밭이다.[72]

📖 **有錢買馬 沒錢置鞍**
유 전 매 마　몰 전 치 안

---

71) 修 보수하다.
72) 搖 흔들 요. 盆 동이 분. 聚寶盆 보물단지.

48

yǒu qián mǎimǎ, méi qián zhìān

돈이 있으면 말을 사고, 돈이 없으면 안장을 얹는다.
(마부가 된다.)

➤ **有錢不買便宜貨** yǒu qián bù mǎi piányi huò
유 전 불 매 편 의 화

돈이 있다면 싸구려 물건을 사지 않는다.[73]

📖 **有千年産 沒千年主**
유 천 년 산   몰 천 년 주
yǒu qiānnián chǎn, méi qiānnián zhǔ

천년을 내려갈 재산은 있지만, 천년간 주인은 없다.

➤ **百年田地轉三家** bǎinián tiándì zhuǎn sān jiā
백 년 전 지 전 삼 가

백년 된 땅에 주인은 세 번 바뀌었다.[74]

📖 **有土有財** yǒu tǔ yǒu cái
유 토 유 재

땅이 있으면 돈이 있다.

---

73) **鞍** 안장 안.
74) **轉** 구를 전.

➢ **寸土寸金 節約爲本** cùntǔ cùnjīn, jiéyuē wéi běn
촌 토 촌 금 절 약 위 본

한 치의 땅, 한 푼의 돈이라도 절약하여 밑천을 만들
자.75)

📖 **利動人心** lì dòng rén xīn
이 동 인 심

이득이 있다면 사람 마음은 움직인다.

➢ **見機而作 及時而動** jiàn jī ér zuò, jí shí ér dòng
견 기 이 작 급 시 이 동

기회를 보아 일을 벌이고, 때에 맞춰 움직이다.76)

📖 **利之所在 無所不趨** lì zhī suǒ zài wú suǒ bù qū
이 지 소 재 무 소 불 추

이득이 있는 곳이라면 어디든 달려간다.

➢ **百里不販樵 千里不販糴**
백 리 불 판 초 천 리 불 판 적
bǎilǐ bùfàn qiáo, qiānlǐ bù fàn dí

---

75) **寸** 마디 촌, 작은 것.
76) **及時** 때맞추어.

백 리 밖에 가서 나무를 팔지 말고, 천 리 밖에 가서
곡식을 팔지 말라.77)

📖 **和氣能招萬里財** héqì néng zhāo wànlǐ cái
　화 기 능 초 만 리 재

화기는 만 리 밖의 재물도 불러온다.

➤ **和氣致祥 和氣生財** héqì zhì xiáng, héqì shēngcái
　화 기 치 상 화 기 생 재

웃는 얼굴이 복을 부르고, 웃는 얼굴에 재물이 붙는
다.78)

📖 **人有薄技不受欺** rén yǒu　bójì bù shòu qī
　인 유 박 기 불 수 기

사람이 변변찮은 기술이라도 갖고 있으면 무시당하지
않는다.

➤ **捧着鐵飯碗 不愁肚子餓**
　봉 착 철 반 완　불 수 두 자 아
　pěngzhe tiěfà nwǎn, bùchóu dùzi è

---

77) **販** 팔 판. **樵** 땔나무 초. **糴** 쌀 사들일 적.
78) **致** 이를 치. **祥** 상서 상, 복(福).

철 밥그릇을 들고 있으면 창자 주릴 걱정은 안 한다.[79)]

📖 一個錢是買賣 yī gè qián shì mǎimai
일 개 전 시 매 매

동전 한 닢이라도 버는 것이 장사이다.

➤ 一文錢逼倒英雄漢
일 문 전 핍 도 영 웅 한
yīwénqián bí dǎo yīngxióng hàn

동전 한 푼이 영웅도 쓰러뜨린다.[80)]

📖 一物自有一主 yīwù zìyǒu yīzhǔ
일 물 자 유 일 주

물건마다 주인이 따로 있다.

➤ 有閨女不愁沒婆 yǒu guī nǚ bù chóu méi pó
유 규 녀 불 수 몰 파

처녀만 있으면 매파 걱정은 안 한다.[81)]

---

79) 鐵飯碗 고정 수입이 있는 국가 직원을 비유함. 肚 배 두, 위장 두.
80) 一文 한 푼. 逼 닥칠 핍, 핍박하다. 倒 넘어갈 도, 쓰러뜨리다.
81) 閨 색시 규, 규방 규.

📖 **一手交錢 一手交貨**
일 수 교 전　　일 수 교 화
yīshǒu jiāoqián, yīshǒu jiāohuò

한 손으로 돈을 받고, 다른 손으로 물건을 내 주다.

➤ **一日一錢 千日千錢**
일 일 일 전　　천 일 천 전
yī rì yī qián, qiān rì qiān qián

하루에 1전이면 천 일에 천 전이다.[82]

📖 **一言堂** yī yán táng
일 언 당

에누리　없는 집.

➤ **不二價** bù èr jià
불 이 가

정찰 가격.[83]

📖 **自己動手 豊衣足食** zìjǐ dòngshǒu fēngyī zúshí
자 기 동 수　풍 의 족 식

자신이 수고를 하면 의식이 풍족하다.

---

82) **交** 주고받다. **絲** 실 사. **一絲** 하찮은 물건. **省** 아끼다, 줄이다.
83) **不二** 두 개가 아님.

➢ **各人心頭有個打米碗**

각 인 심 두 유 개 타 미 완

gèrén xīntóu yǒu gè dǎmǐwǎn

각자의 머릿속에는 쌀을 사는 그릇이 하나씩 있다.[84]

📖 **自己跌倒自己爬** zìjǐ diēdǎo zìjǐ pá

자 기 질 도 자 기 파

자기가 넘어졌으면 자기가 일어나야 한다.

➢ **哪裏丟了哪裏找** nǎli diūle, nǎli zhǎo

나 리 주 료 나 리 조

잃어버린 그곳에서 잃어버린 것을 찾아야 한다.[85]

📖 **灾年餓不死大師傅** zāinián èbùsǐ dàshīfu

재 년 아 불 사 대 사 부

흉년에도 대사부 주방장은 굶어죽지 않는다.

➢ **好男不吃油水飯** hǎonán bùchī yóushuǐfàn

호 남 불 흘 유 수 반

---

84) **打米** 쌀을 사다. **端** 두 손으로 받들다. **碗** 그릇 완.

85) **爬** 기어오를 파. **哪裏** 어디. **丟** 잃어버릴 주. **找** 찾을 조, 채울 조.

54

잘난 사나이는 기름밥을 먹지 않는다. (주방 일을 안 한다.)[86]

📖 **財能通神** cái néng tōng shén
　　재 능 통 신

돈이면 귀신과도 통할 수 있다.

➢ **倉滿腰肥** cāng mǎn yāo féi
　　창 만 요 비

창고는 가득 찼고 허리전대는 두툼하다.[87]

📖 **財帛如糞土 人命值千金**
　　재 백 여 분 토　인 명 치 천 금
　　cáibó rú fèntǔ, rénmìng zhí qiānjīn

재물은 썩은 거름과 같고, 생명은 천금처럼 귀하다.

➢ **發財精神長** fācái jīngshén zhǎng
　　발 재 정 신 장

돈을 벌면 정신도 좋아진다. 돈 벌면 아는 것도 많아진 다.[88]

---

86) **災** 재앙 재. **餓** 굶주릴 아. **大師傅** 요리사. **油水** 음식점의 기름기.
87) **腰** 허리 요. **肥** 살찔 비.

📖 **財富遍地有 不到懶漢手**
재 부 편 지 유　부 도 나 한 수
cáifù biàndì yǒu, bù dào lǎnhàn shǒu

재물이야 온 세상에 널려 있지만, 게으른 사내의 손에
는 오지 않는다.

➤ **財盡不交 色盡不妻** cái jìn bù jiāo, sè jìn bù qī
재 진 불 교　색 진 불 처

재물이 없어지면 교제도 끝나고, 미색도 늙으면 아내
삼지 않는다.[89]

📖 **財旺生官** cái wàng shēng guān
재 왕 생 관

돈이 많으면 벼슬도 생긴다.

➤ **財,勢,力 三字全** cái, shì, lì, sānzì quán
재 세 력　삼 자 전

재물, 권세, 힘, 세 글자는 하나이다.[90]

---

88) **帛** 비단 백. **值** 값 치.
89) **遍** 두루 편. **懶** 게으를 나(뢰).
90) **旺** 성할 왕. **與** 더불어 여, ~와.

📖 **錢多好辦事** qián duō hǎo bàn shì
전 다 호 판 사

돈이 많으면 일을 잘 처리한다.

➤ **錢爲人之膽 衣是人之臉**
전 위 인 지 담　의 시 인 지 검
qián wéi rén zhī dǎn, yī shì rén zhī liǎn

돈은 사람의 담력이고, 옷은 사람의 얼굴체면이다.[91]

📖 **錢到手 飯到口** qián dào shǒu, fàn dào kǒu
전 도 수　반 도 구

돈은 손에 쥐었고, 밥은 입에 들어갔다. (확실하게 내 것이 되었다.)

➤ **錢到手 樣樣有**
전 도 수　양 양 유
qián dào shǒu, yàngyàng yǒu

돈이 있으면 모든 것이 다 있다.[92]

📖 **店靠巧人開** diàn kào qiǎorén kāi
점 고 교 인 개

---

91) **膽** 쓸개 담.
92) **到** 이를 도. **樣** 모양 양.

점포는 머리 좋은 사람에게 맡겨 경영해라.

➤ **死店活人開** sǐ diàn huórén kāi
　　사 점 활 인 개

문 닫은 상점도 산 사람은 열게 한다. (무슨 일이든 사람이 하기에 달렸다.)[93]

📖 **創名牌容易 護名牌難**
　　창 명 패 용 이 　 호 명 패 난
　　chuàng míngpái róngyì, hù míngpái nán

상표를 만들기는 쉽지만, 상표를 지켜 키워나가기는 어렵다.

➤ **千難萬難 莫過於創業難**
　　천 난 만 난 　 막 과 어 창 업 난
　　qiānnán wànnán, mò guò yú chuàng yè nán

천만 가지 다 어렵다지만 창업보다 어려운 것은 없다.[94]

📖 **千錢賒不如八百現** qiānqián shē bùrú bābǎixiàn
　　천 전 사 불 여 팔 백 현

---

93) **靠** 기댈 고. **巧人** 머리가 잘 돌아가는 사람, 요령 좋은 사람.
· 94) **牌** 방 붙일 패, 명찰, 간판, 상표. **名牌** 유명 상표.

58

천 냥 외상이 팔백 현금만 못하다.

➢ **現錢買現貨** xiànqián mǎi xiànhuò
현 전 매 현 화

현금으로 현물을 사다.[95]

📖 **村有一局賭 賽過一隻虎**
촌 유 일 국 도　새 과 일 척 호
cūn yǒu yī jú dǔ, sàiguò yīzhī hū

마을에 도박판이 벌어지면 호랑이 한 마리보다 더 무
섭다.

➢ **久賭無勝家** jiǔ dǔ wú shèng jiā
구 도 무 승 가

도박을 아무리 많이 해도 돈 따는 사람 없다.[96]

📖 **親是親 財帛分** qīn shì qīn, cái bó fēn
친 시 친　재 백 분

아무리 친척일지라도 금전은 나누어야 한다.

➢ **親別交財, 交財兩不來**
친 별 교 재　교 재 양 불 래

---

95) **賒** 외상 사. **現** 보일 현, 지금 현.
96) **賽** 겨룰 새, 필적하다. **賭** 걸 도, 내기 도.

qīn bié jiāo cái, jiāo cái liǎng bù lái

친하면 돈 거래를 하지 말라, 거래하면 둘 다 잃는다.[97]

📖 **七分家伙 三分手藝** qīfēn jiāhuo sānfēn shǒuyì
칠 분 가 화 삼 분 수 예

7할은 도구, 3할은 손재주이다.

➤ **工欲善其事 必先利其器**
공 욕 선 기 사 필 선 리 기 기
gōng yù shàn qíshì, bì shàn lìqíqì

공인工人이 자기 일을 잘 하려면, 반드시 먼저 연장을 잘 갈아둔다.[98]

📖 **好言好語不蝕本** hǎoyán hǎoyǔ bù shíběn
호 언 호 어 부 식 본

좋은 말은 밑천을 까먹지 않는다.

➤ **黃金得從佛口出** huángjīn dé cóng fókǒu chū
황 금 득 종 불 구 출

---

97) **帛** 비단 백. **財帛** 금전. **聚** 모을 취, 한 데 모으다.
98) **伙** 세간 화, 무리, 동료. **家伙** 가구, 공구, 병기, 녀석, 자식.

황금은 부처님 입으로부터 나온다.[99]

📖 **劃一不二 老少無欺** huàyī bùèr, lǎoshào wúqī
획 일 불 이　노 소 무 기

한 번 정한 가격은 두 번은 말하지 않고, 노인과 어린
애를 속이지 않는다.

➢ **客無遠近一般看** kè wú yuǎnjìn yībān kàn, kān
객 무 원 근 일 반 간

손님은 원근을 따지지 않고 한가지로 접대한다.[100]

---

99) **蝕** 먹을 식, 일식(日蝕).
100) **劃** 그을 획. **欺** 속일 기. 깔보다, 무시하다.

제2부 가정생활에 관한 속담

仁者愛人

논어(論語) 안연(顔淵)

📖 **家不和 外人欺** jiā bù hé, wàirén qī
가 불 화　외 인 기

집안이 불화하면 남이 업신여긴다.

➤ **家敗奴欺主** jiā bài nú qī zhǔ
가 패 노 기 주

가세가 기울면 종놈도 주인을 깔본다.[1]

📖 **家貧常掃地 人貧多梳頭**
가 빈 상 소 지　인 빈 다 소 두
jiāpín cháng sǎodì, rénpín duō shū tóu

집안이 가난하면 자주 쓸어야 하고, 사람이 가난하면
머리를 자주 빗어야 한다.

➤ **搬家一次三年窮** bānjiā yī cì sānnián qióng
반 가 일 차 삼 년 궁

이사 한 번 하면 3년 동안 궁색하다.[2]

📖 **家貧出孝子** jiāpín chū xiàozǐ
가 빈 출 효 자

가난한 집에 효자 난다.

---

1) **欺** 속일 기, 업신여기다.
2) **掃** 쓸 소, 청소. **梳** 빗 소, 머리를 빗다. **搬** 옮길 반, 이사하다.

64

➤ **子孝不如媳孝** zǐ xiào bùrú xí xiào
　 자 효 불 여 식 효

아들 효도는 며느리의 효도만 못하다.[3]

📖 **家事不必問外人** jiāshì bù bì wèn wàirén
　 가 사 불 필 문 외 인

집안일은 남한테 물어볼 필요가 없다.

➤ **家有千口　主事一人**
　 가 유 천 구　 주 사 일 인
　 jiā yǒu qiān kǒu, zhǔ shì yī rén

집안에 식구가 천 명이라도　살림은 한 사람이 꾸려나
간다.[4]

📖 **家有九十九樣敗　嫖賭在外**
　 가 유 구 십 구 양 패　 표 도 재 외
　 jiā yǒu jiǔshíjiǔ yàng bài, piáo dǔ zàiwài

아흔아홉 가지 집안 망하는 꼴이 있는데 계집질과 도
박은 그 밖이다.

---

3) **媳** 며느리 식.
4) **千口** 천개의 입, 많은 식구.

➤ 吃·喝·嫖·賭, 是喪身之本
흘·갈·표·도　시상신지본
chī, hē, piáo, dǔ, shì sàngshēn zhī běn

먹고, 마시고, 계집질, 도박은 몸을 망치는 근본이다.[5]

📖 家有萬石糧 不如生好兒
가 유 만 석 량　불 여 생 호 아
jiāyǒu wànshíliáng, bùrú shēng hǎoér

집안의 만석 양식이 좋은 아들 하나만 못하다. (잘난
자식이 가보家寶이다.)

➤ 是兒不死 是財不散　shì ér bù sǐ, shì cái bù sàn
시 아 불 사　시 재 불 산

하늘이 준 자식은 죽지 않고, 바른 재산은 흩어지지
않는다.[6]

📖 家有賢妻 逢凶化吉
가 유 현 처　봉 흉 화 길
jiā yǒu xiánqī, féng xiōng huà jí

집안에 어진 아내가 있으면 나쁜 일도 좋아진다.

---

5) 吃 먹을 흘. 喝 마실 갈. 嫖 음탕할 표, 계집질. 賭 내기 걸 도.
6) 是 옳을 시. 糧 양식 량.

> **家貧思良妻** jiāpín sī liángqī
가 빈 사 양 처

집이 가난하면 어진 아내를 생각한다.[7]

📖 **家醜不可外揚** jiāchǒu bùkě wàiyáng
가 추 불 가 외 양

집안의 추한 꼴은 밖에 알릴 수 없다.

> **胳膊折了在袖兒裏** gēbo zhéle zài xiùr lǐ
각 박 절 료 재 수 아 리

팔이 부러져도 소매 안에 있다. (외부인에게는 집안의
어려움을 말하지 않는다.)[8]

📖 **嫁出去女兒 潑出去的水**
가 출 거 여 아   발 출 거 적 수
jià chūqù nǚér pō chūqùdè shuǐ

출가한 딸은 뿌려 버린 물과 같다.

> **姑娘是母親的影子** gūniáng shì mǔqīnde yǐngzi
고 낭 시 모 친 적 영 자

---

7) **逢** 만날 봉. **凶** 흉할 흉.
8) **醜** 추할 추. **揚** 날릴 양. **胳** 겨드랑이 각. **膊** 어깨 박. **胳膊** 팔.
折 부러질 절. **袖** 소매 수. **裏** 안 리.

딸은 어머니의 그림자이다. (모녀母女는 닮은꼴.)9)

家花不及野花香 jiāhuā bùjí yěhuāxīang
가 화 불 급 야 화 향

집의 꽃은 들꽃 향기만 못하다. (아내보다 남의 계집이 더 좋다.)

家菜不香外菜香 jiācài bùxīang wàicài xīang
가 채 불 향 외 채 향

자기 집 음식은 맛이 없고 남의 음식이 더 맛있다.10)

緣分不在面顔上 yuánfèbu zài miànyán shàng
연 분 부 재 면 안 상

연분은 얼굴에 있는 것은 아니다.

情人眼裏出西施 qíngrén yǎnlǐ chū Xīshī
정 인 안 리 출 서 시

사랑하는 사람의 눈에는 서시만 보인다.11)

---

9) 嫁 시집보낼 가. 潑 물 뿌릴 발. 影 그림자 영.
10) 及 미칠 급. 菜 나물 채, 요리.
11) 面顔 얼굴. 西施 서시 : 중국 4대 미인의 한 사람.

📖 **姑爺半拉兒** gūye bànlā ér
고 야 반 납 아

사위는 반쪽 아들이다.

➤ **姑爺進門 小鷄沒魂** gūye jìnmén xiǎojī méihún
고 야 진 문 소 계 몰 혼

사위가 대문에 들어서면 닭들은 넋이 나간다.[12]

📖 **關帝廟求子** guāndìmiào qiúzǐ
관 제 묘 구 자

관우 사당에 가서 아들을 빌다. (엉뚱한 곳에서 구하
다.)

➤ **大廟裏娘娘 有求必應**
대 묘 리 낭 랑 유 구 필 응
dàmiàoli niángniang yǒu qiú bì yīng

큰 사당의 삼신할머니에게 빌면 틀림없이 응답이 있
다[13]

---

12) **爺** 아비 야. **姑爺** 처가에서 사위를 부르는 호칭. **半拉** 절반, 반쪽.
兒 아들.

13) **關帝廟** 관우의 사당. 관우는 무신(武神)이면서 재신(財神)이다. 아들을
점지해 달라고 비는 사당은 낭랑묘(娘娘廟)이다.

📖 **教婦初來 教兒嬰孩** jiàofù chūlái, jiǎoér yīnghái
교 부 초 래　교 아 영 해

며느리가 처음 들어왔을 때 가르치고, 아들은 어린아
이 때 가르쳐야 한다.

➤ **過門三朝 不動掃帚**
과 문 삼 조　부 동 소 추
guò, guō, mén sān zhāo bù dòng sǎo, sào zhǒu

신부가 들어오고 3일 동안은 빗자루를 들지 않는다.
(복을 쓸어내지 않는다는 뜻.)[14]

📖 **巧妻常伴拙夫眠**
교 처 상 반 졸 부 면
qiǎoqī cháng bàn zhuōfū mián

솜씨 좋은 여자는 늘 우둔한 남자 품에서 잠을 잔다.

➤ **巧人兒 生傻子** qiǎorénr, shēng shǎzi
교 인 아　생 사 자

약은 사람이 멍청한 자식을 둔다.[15]

---

14) **掃** 쓸 소. **帚** 빗자루 추.
15) **巧妻** 솜씨 좋고 부지런한 여자. **伴** 짝 반. **拙** 졸렬할 졸.
   眠 잠잘 면. **傻** 어리석을 사.

70

📖 **久病床前無孝子** jiǔ bìngchuáng qián wú xiàozǐ
구 병 상 전 무 효 자

오래 앓는 병상 앞에 효자 없다.

➢ **久病故人疏** jiǔbìng gùrén shū
구 병 고 인 소

오랜 병에는 친구도 멀어진다.[16)]

📖 **哪個不是父母養活的**
나 개 불 시 부 모 양 활 적
nǎ gè bù shì fùmǔ yǎnghuóde

부모가 키우지 않은 자식이 어디에 있는가?

➢ **養兒方知父母恩** yǎngér fāng zhī fùmǔ ēn
양 아 방 지 부 모 은

자식을 키워봐야 부모의 은혜를 안다.[17)]

📖 **男大兩 黃金日日長**
남 대 양 황 금 일 일 장
nán dà liǎng, huángjīn rìrì zhǎng

---

16) **久** 오랠 구. **故人** 친구. **疏** 멀 소, 트일 소.
17) **哪** 어찌 나.

남자가 여자보다 두 살 많으면 날마다 황금이 늘어난다.

➢ **男大三 銀錢堆成山**
남 대 삼 은 전 퇴 성 산
nán dà sān, yínqián duīchéng shān

남자가 세 살 더 많으면 은전이 산처럼 쌓인다. [18]

📖 **男兒無妻不成家** nán ér wú qī bù chéngjiā
남 아 무 처 불 성 가

남자에게 아내가 없으면 가정을 이룰 수 없다.

➢ **人生無婦 如車無輪**
인 생 무 부 여 거 무 륜
rénshēng wú fù rú chē wú lún

살면서 아내가 없다면 바퀴 없는 수레와 같다. [19]

📖 **男兒愛後婦 女子重前夫**
남 아 애 후 부 여 자 중 전 부
nánér ài hòufù, nǚzǐ zhòng qiánfū

남자는 후처를 더 사랑하고, 여자는 전 남편을 중히 여긴다.

---

18) **大** 나이가 많다. **錢** 돈 전. **堆** 언덕 퇴, 높이 쌓이다.

19) **輪** 수레바퀴 륜(윤).

➢ **女人是男人的門面**
여 인 시 남 인 적 문 면
nǚrén shì nánrénde ménmiàn

여자는 남자의 간판이다. (여인은 남편의 지위대로
광채를 낸다.)[20]

📖 **男子十五 當家做主**
남 자 십 오 　 당 가 주 주
nánzǐ shíwǔ, dāngjiā zuòzhǔ

사내가 열다섯 살이면 가장 노릇을 할 수 있다.

➢ **男人能做主 是猫能逮鼠**
남 인 능 주 주 　 시 묘 능 체 서
nánrén néng zuòzhǔ, shì māo néng dǎi shǔ

남편이 가정을 주도하는 것은 고양이가 쥐를 잡는 것
과 같다. (당연한 일.)[21]

📖 **男子打外 女子打裏** nánzǐ dǎ wài nǚzǐ dǎ lǐ
남 자 타 외 　 여 자 타 리

남자는 밖의 일을, 여자는 집안일을 한다.

----

20) **門面** 겉보기, 외관, 상점의 앞면.
21) **逮** 잡을 체, 따라가 잡다. **鼠** 쥐 서.

73

➤ **男立外 女立內** nán lì wài, nǔ lì nèi
남 립 외 여 립 내

남자는 밖의 일, 여자는 집안의 일을 한다.[22]

📖 **娘要嫁人 天要下雨**
낭 요 가 인 천 요 하 우
niáng yào jiàrén, tiān yào xiàyǔ

처녀는 시집을 가야하고 하늘은 비를 내려야 한다.

➤ **寡婦要嫁 老天要下**
과 부 요 가 노 천 요 하
guǎfù yào jià, lǎotiān yào xià

과부는 재혼해야 하고, 하늘은 비를 내리려 한다.[23]

📖 **多年媳婦熬成婆** duōnián xífù áo chéng pó
다 년 식 부 오 성 파

며느리도 참고 견디면 시어머니가 된다.

➤ **媳婦好做 婆婆難當** xífù hào zuò pópo nán dāng
식 부 호 주 파 파 난 당

며느리 노릇은 쉽고 시어머니 노릇은 어렵다.[24]

---

22) **打** 어떤 일에 종사하다. **裏** 속 리(이).
23) **娘** 처녀 낭. **嫁** 시집갈 가. **寡** 적을 과. **老天** 하늘.

74

📖 **多兒多累** duōér duōlèi
　다 아 다 루

자식이 많으면 고생도 많다.

➤ **有了兒子不愁孫** yǒule érzi bù chóu sūn
　유 료 아 자 불 수 손

아들이 있다면 손자 걱정은 안 한다.[25]

📖 **爹有娘有 不如自己有**
　다 유 낭 유　불 여 자 기 유
　diē yǒu niáng yǒu, bùrú zìjǐ yǒu

아버지나 어머니의 재산은 내 것만 못하다.

➤ **爹親娘親 不如錢親** diēqīn niángqīn bùrú qiánqīn
　다 친 낭 친 불 여 전 친

부친 모친도 돈만 못하다.[26]

📖 **晩娘的拳頭 雲裏的日頭**
　만 낭 적 권 두　운 리 적 일 두

---

24) **媳** 며느리 식. **熬** 오래 끓일 오, 견딜 오. **婆** 할미 파.

25) **累** 지칠 루, 폐를 끼치다. **兒子** 아들.

26) **爹** 아비 다. **娘** 어머니 낭, 아가씨 낭, 전친(錢親 : 돈만 못하다).
錢 돈 전.

wǎnniángde quántou, yúnlǐde rìtou

계모의 주먹은 구름 속의 해와 같다. (계모는 심술이
고약하다.)

➤ **有後娘必有後爹** yǒu hòuniáng bì yǒu hòu diē
　유　후　낭　필　유　후　다

계모가 있으면 틀림없이 의붓아버지가 생긴다. (친부
도 계모처럼 제 자식을 박대한다.)[27]

📖 **滿堂兒女 不如半路夫妻**
　만　당　아　녀　불　여　반　로　부　처
mǎntáng érnǚ bùrú bànlù fūqī

아들딸이 집안에 가득해도 중년부부 사랑만 못하다.

➤ **三十難捨 四十難離** sānshí nán shè, sìshí nán lí
　삼　십　난　사　사　십　난　리

부부는 서른에는 버릴 수 없고, 마흔에는 헤어질 수
없다.[28]

📖 **買猪不買圈** mǎi zhū bùmǎi juān
　매　저　불　매　권

---

27) **晚娘** 계모. **爹** 아비 다.
28) **半路** 인생의 중년. **捨** 버릴 사. **離** 헤어질 리.

76

돼지를 사면서 돼지우리는 사지 않는다. (며느리를
볼 때 재물을 보아서는 안 된다.)

➤ **討親要看老丈母** tǎoqīn yàokàn lǎozhàngmǔ
  토 친 요 간 노 장 모

며느리를 볼 때는 처녀 어머니를 보아야 한다.[29]

📖 **明地裏教子 暗地裏教妻**
  명 지 리 교 자 암 지 리 교 처
  míngdìlǐ jiàozǐ, àndìlǐ jiàoqī

아들은 남이 보는 데서 가르치고, 아내는 남이 안 보는
데서 가르쳐라.

➤ **當堂教子 枕畔訓妻**
  당 당 교 자 침 반 훈 처
  dāng táng jiào zǐ zhěn pàn xùn qī

자식은 대청에서 가르치고 아내는 잠자리에서 훈계한
다.[30]

📖 **母大兒肥** mǔ dà ér féi
  모 대 아 비

---

29) 猪 돼지 저. 圈 우리 권, 둘러치다, 가두다.
30) 裏 안 리. 暗 어둘 암. 枕 베개 침. 畔 두둑 반, 가장자리.

어머니가 크면 아들도 비대하다.

➤ **獅子老虎也護犢** shīzi lǎohū yě hù dú
사 자 노 호 야 호 독

사자나 호랑이도 제 새끼를 귀여워한다.[31]

📖 **母慈悲 兒孝順** mǔ cíbēi, ér xiàoshùn
모 자 비 아 효 순

어미가 자애로우면 자식은 효성스럽다.

➤ **孝門有孝子** xiàomén yǒu xiàozǐ
효 문 유 효 자

효자 가문에서 효자가 나온다.[32]

📖 **沒男沒女是神仙** méinán méinǚ shì shénxiān
몰 남 몰 녀 시 신 선

아들도 딸도 없는 사람이 신선이다.

➤ **不下蛋的老母鷄** bù xiàdànde lǎomǔjī
불 하 단 적 노 모 계

알을 못 낳는 늙은 암탉. (아이를 못 낳는 여자.)[33]

---

31) 肥 살찔 비. 犢 송아지 독, 짐승의 새끼.
32) 兒 아들, 자식

📖 **無謊不成媒** wú huǎng bù chéng méi
무 황 불 성 매

거짓말이 보태지지 않으면 중매가 되질 않는다.

➤ **無媒不成婚** wú méi bù chéng hūn
무 매 불 성 혼

중매쟁이가 없다면 혼인이 되질 않는다.[34]

📖 **棒打出孝子** bàngdǎ chū xiàozǐ
봉 타 출 효 자

매를 때려 가르친 자식이 효자가 된다.

➤ **箸頭出忤逆** zhùtóu chū wǔnì
저 두 출 오 역

젓가락으로 키우면 불효자가 나온다.[35]

📖 **不當家不知柴米貴** bù dāngjiā bùzhī cháimǐ guì
부 당 가 부 지 시 미 귀

살림을 해 보지 않으면 땔나무와 쌀이 귀한 줄 모른다.

---

33) 沒 가라앉을 몰, 없을 몰. 蛋 새알 단.
34) 謊 잠꼬대 황, 거짓말 황.
35) 棒 몽둥이 봉. 箸 젓가락으로 반찬 집어 주다. 忤 거스를 오.

➢ **窮人的孩子早當家** qióngrénde háizi zǎo dānjiā
궁 인 적 해 자 조 당 가

가난한 집 아이는 일찍 집안일을 꾸려 나간다.[36]

📖 **父母是層天** fùmǔ shì céng tiān
부 모 시 층 천

부모는 또 다른 하늘이다.

➢ **父在, 沒子財** fù zài, méi zǐ cái
부 재 몰 자 재

아버지가 계신 동안 아들의 재산은 없다.[37]

📖 **夫婦是樹 兒女是花** fūfù shì shù, érnǔ shì huā
부 부 시 수 아 녀 시 화

부부가 한 그루 나무라면 아들과 딸은 꽃이다.

➢ **多子多孫多福氣** duōzǐ duōsūn duō fúqì
다 자 다 손 다 복 기

자손이 많으면 복도 많다.[38]

---

36) **柴** 섶 시, 땔나무 시. **當家** 집안일을 처리하다.
37) **沒** : **沒有** 없다, 가라앉을 몰.
38) **是** 이 시, ~이다.

📖 **夫婦爲人倫之始** fūfù wéi rénlún zhī shǐ

부 부 위 인 륜 지 시

부부는 인륜의 시작이다.

➤ **夫妻是個寃家** fūqī shì gè yuānjia

부 처 시 개 원 가

부부는 사랑하는 원수이다.[39]

📖 **父是英雄兒好漢** fù shì yīngxióng ér hǎohàn

부 시 영 웅 아 호 한

아버지가 영웅이면 아들도 대장부이다.

➤ **將門出虎子** jiàngmén chū hūzǐ

장 문 출 호 자

장수 집안에 호랑이 같은 아들 있다.[40]

📖 **不養兒不知父母恩** bù yǎngér bùzhī fùmǔ ēn

부 양 아 부 지 부 모 은

아이를 키워보지 않으면 부모 은혜를 모른다.

---

39) **寃** 원통할 원. **寃家** 원수, 밉지만 실제는 사랑하여 마음에 번뇌를
주는 사람, 주로 회곡에서 사용되는 말.

40) **漢** 나라 한, 사나이 한.

➤ **虎狼有父子之情** hūláng yǒu fùzǐ zhī qíng
호 랑 유 부 자 지 정

호랑이도 부자간의 정이 있다.[41]

📖 **父子無隔宿之仇** fùzǐ wú géxiǔzhīchóu
부 자 무 격 숙 지 구

부자간에 묵은 감정이 없다. (부자간 앙금은 쉽게 없어진다.)

➤ **無仇不成父子** wú chóu bù chéng fùzǐ
무 구 불 성 부 자

전생에 원수진 일이 없다면 부자가 되지 않는다.[42]

📖 **父子不同舟** fùzǐ bù tóng zhōu
부 자 부 동 주

부자는 한 배에 타지 않는다.

➤ **無後爲不孝之大** wúhòu wéi bùxiào zhī dà
무 후 위 불 효 지 대

후손이 없는 것이 큰 불효이다.[43]

---

41) **恩** 은혜 은. **虎狼** 호랑이.
42) **隔** 사이 뜰 격. **隔宿** 하룻밤을 넘기다. **仇** 원수 구.

82

📖 **夫妻是夫妻 苟合是苟合**
부 처 시 부 처   구 합 시 구 합
fūqī shì fūqī, gǒuhé shì gǒuhé

부부는 부부, 간통은 간통.

➤ **夫爲惡 妻有咎** fū wéi è, qī yǒu jiù
부 위 악   처 유 구

남편이 악행을 저지르면 아내에게 허물이 있다.44)

📖 **夫妻恩愛苦也甛** fūqī ēnài kǔ yě tián
부 처 은 애 고 야 첨

부부의 은혜와 사랑은 쓰고도 달다.

➤ **夫妻一個臉** fūqī yī gè liǎn
부 처 일 개 검

부부는 한 얼굴이다.45)

📖 **夫妻吵架沒贏家** fūqī chǎo, chāojià méi yíng jiā
부 처 초 가 몰 영 가

----

43) **不同舟** 사고가 나면 代가 끊어진다.
44) **苟** 구차할 구, 되는대로. **苟合** 남녀가 사통(私通)하다. **咎** 허물 구.
45) **甛** 달 첨. **臉** 얼굴, 뺨 검.

부부싸움에는 이긴 편이 없다.

➤ **夫妻無隔夜仇** fūqī wú gé yè chóu
　부 처 무 격 야 구

부부간에 하룻밤을 지낸 원수 없다.[46]

📖 **比翼連理** bǐ yì liánlǐ
　비 익 연 리

비익조比翼鳥와 연리지連理枝. (애정이 깊은 부부.)

➤ **海燕雙棲** hǎiyàn shuāng qī
　해 연 쌍 서

바다제비가 쌍으로 둥지를 틀다.[47]

📖 **貧極無君子** pínjí wú jūnzǐ
　빈 극 무 군 자

찢어지게 가난한 집에 군자 없다.

➤ **暑日無君子** shǔ rì wú jūn zǐ
　서 일 무 군 자

---

46) **吵** 시끄러울 초, 말다툼. **架** 시렁 가. **吵架** 말다툼하다.
47) **比翼鳥**：날개 한 쌍에 두 마리의 새. **連理枝**：한 가지가 된 두 나무. **燕** 제비 연. **棲** 깃들 서. 唐, 白居易長恨歌 "在天願作比翼鳥 在地願爲連理枝."

무더운 날에는 군자가 없다.[48)]

📖 **貧難婚富 富難婚貴**
빈 난 혼 부 부 난 혼 귀
pín nán hūn fù, fù nán hūn guì

가난한 사람이 혼인으로 부자 될 수 없고, 부자는 혼인으로 고귀해지지 않는다.

➤ **寧可無官 不可無妻**
영 가 무 관 불 가 무 처
nìngkě wú guān, bù kě wú qī

차라리 벼슬이 없을지언정 아내가 없을 수 없다.[49)]

📖 **三十不立子 凄凄憐憐苦到死**
삼 십 불 입 자 처 처 련 련 고 도 사
sānshí bù lìzǐ, qīqī liánlián kǔ dào sǐ

서른에도 아들이 없다면 처량하고 불쌍하게 고생하다가 죽는다.

➤ **三十無子 四十絶望** sānshí wúzǐ, sìshí juéwàng
삼 십 무 자 사 십 절 망

---

48) **極** 다할 극.
49) **難** 어려울 난.

나이 30에 아들이 없다면 40에는 희망이 없다.[50]

📖 **小時不敎 大時當賊**
소 시 불 교　대 시 당 적
xiǎoshí bù jiào, dàshí dāng zéi

어려서 가르치지 않으면 커서 도적이 된다.

➤ **小孩賤 把掌練** xiǎohái jiàn, bāzhǎng liàn
소 해 천　파 장 련

어린애가 말을 안 들으면 뺨을 때려 가르쳐야 한다.[51]

📖 **少年夫妻老來伴** shǎonián fūqī lǎolái bàn
소 년 부 처 노 래 반

젊은 시절 부부가 늙어서는 친구다.

➤ **恩愛夫妻多長壽** ēnài fūqī duō chángshòu
은 애 부 처 다 장 수

사랑하는 부부는 대부분 장수한다.[52]

---

50) 凄 쓸쓸할 처. 憐 불쌍히 여길 런(연).
51) 掌 손바닥 장. 練 익힐 런(연), 가르치다.
52) 伴 짝 반, 반려(伴侶).

📖 **身上掉下來的肉** shēnshang diào xiàlái de ròu
신 상 도 하 래 적 육

몸에서 도려낸 살점. (친자식.)

➤ **十脂連心 個個都疼**
십 지 연 심　개 개 도 동
shí zhī liánxīn, gègè dōu téng

열 손가락 한 마음이니 모두 아프다.[53]

📖 **十個婦人九個妒** shí gè fùrén jiǔ gè dù
십 개 부 인 구 개 투

열 부인 중 아홉은 질투를 한다.

➤ **療妒無方** liáo dù wú fāng
요 투 무 방

질투를 치료할 처방약은 없다.[54]

📖 **兒女之情, 夫妻之情** érnǚ zhī qíng, fūqī zhī qíng
아 녀 지 정　부 처 지 정

부모의 자식에 대한 사랑, 부부간의 사랑.

---

53) **疼** 아플 동.

54) **妒** 시새움할 투. **療** 병 고칠 료(요).

➤ **哪根指頭也是自己的肉**

나 근 지 두 야 시 자 기 적 육

năgēn zhǐtou yě shì zìjǐde ròu

어느 손가락이든 다 자기의 살점이다.⁵⁵⁾

📖 **兒不嫌母醜 狗不嫌家貧**

아 불 혐 모 추　구 불 혐 가 빈

ér bùxián mŭc hŏu, gŏu bùxián jiāpín

자식은 못생긴 어미를 싫어하지 않고, 개는 가난한 주인을 싫어하지 않는다.

➤ **兒不嫌娘窮 兒不怕娘醜**

아 불 혐 낭 궁　아 불 파 낭 추

ér bùxián niángqióng, ér bùpà niángchŏu

자식은 가난한 어미를 싫어하지 않고, 못 생긴 어머니도 싫어하지 않는다.⁵⁶⁾

📖 **兒孫自有兒孫福** érsūn zìyŏu érsūn fú

아 손 자 유 아 손 복

자식들은 각각 자기 복이 있다.

---

55) **哪** 어찌 나. **根** 길게 생긴 물건을 세는 양사(量詞).
56) **嫌** 싫어할 혐. **醜** 추할 추. **怕** 두려울 파.

> 莫爲兒孫作馬牛 mò wéi érsūn zuò mǎniú
막 위 아 손 작 마 우

자식을 위하여 소나 말처럼 일하지 말라.57)

📖 兒婚女嫁 érhūn nǚjià
아 혼 여 가

아들은 장가를, 딸은 시집을 보내야 한다.

> 天要下雨 娘要嫁人
천 요 하 우　낭 요 가 인
tiān yào xià yǔ, niáng yào jiàrén

하늘은 비를 내리려 하고 처녀는 시집을 가고자 한
다.58)

📖 野狗好當　家賊難防
야 구 호 당　가 적 난 방
yěgǒu hǎo dāng, jiāzéi nán fáng

들개는 막을 수 있지만 집안 도적은 막기 어렵다.

> 野狼養不成家狗 yěláng yǎng bùchéng jiāgǒu
야 랑 양 부 성 가 구

----

57) 兒孫 아들과 손자. 莫 말 막, ~하지 말라.
58) 兒=男兒. 嫁 시집갈 가.

야생 늑대를 키워도 집 지키는 개가 안 된다.[59]

📖 **野花上床 家敗人亡**
야 화 상 상　가 패 인 망
yěhuā shàng chuáng, jiā bài rén wáng

첩이 집안에 들어오면 패가망신한다.

➤ **櫻桃小口 吃倒泰山**
앵 도 소 구　홀 도 태 산
yīngtáo xiǎokǒu, chī dǎo Tàishān

앵두 같은 계집의 작은 입이 태산 같은 많은 재산을
다 먹어치운다.[60]

📖 **養不敎 父之過** yǎng bù jiào, fù zhī guò
양 불 교　부 지 과

자식을 키우면서 가르치지 않는다면 아비의 허물이
다.

➤ **養兒不讀書 不如養頭猪**
양 아 부 독 서　불 여 양 두 저
yǎng ér bù dú shū, bùrú yǎng tóu zhū

---

59) 好 ~하기 쉽다, ~하기 편하다.
60) 櫻 앵두나무 앵. 櫻桃 앵두. 倒 넘어뜨리다, 넘어질 도.

자식을 키우면서 가르치지 않는다면 한 마리 돼지를 키우는 것만 못하다.[61]

📖 **嚴是愛 寵是害** yán shì ài, chǒng shì hài
　　엄 시 애　총 시 해

엄격한 가르침은 사랑이고 총애는 해악이다.

➤ **愛之深 責之切** ài zhī shēn, zé zhī qiè
　　애 지 심　책 지 절

애정이 깊기에 책망도 엄하다.[62]

📖 **嚴婆不打笑面** yánpó bùdǎ xiàomiàn
　　엄 파 불 타 소 면

엄한 시어머니라도 웃는 얼굴은 못 때린다.

➤ **嚴婆不打啞媳婦** yánpó bùdǎ yāxífù
　　엄 파 불 타 아 식 부

엄한 시어머니라도 벙어리처럼 말이 없는 며느리는 못 때린다.[63]

---

61) 猪 돼지 저.
62) 嚴 엄할 엄. 寵 귀여워할 총.
63) 婆 할미 파. 啞 벙어리 아. 媳 며느리 식.

📖 **女大三 抱金磚** nǚ dà sān bào jīn zhuān
여 대 삼 포 금 전

여자가 세 살 위면 황금 벽돌을 껴안은 것이다.

➤ **女大兩 黃金長** nǚ dà liǎng, huángjīn zhǎng
여 대 양 황 금 장

여자가 남편보다 두 살 많으면 황금이 늘어난다.[64]

📖 **女大十八一枝花** nǚ dà shíbā yīzhī huā
여 대 십 팔 일 지 화

열여덟 처녀는 한 떨기 꽃이다.

➤ **女大十八變 越變越好看**
여 대 십 팔 변 월 변 월 호 간
nǚ dà shíbā biàn, yuè biàn yuè hǎo kàn

여자는 크면서 열여덟 번 변한다. (변하면 변할수록
예뻐진다.)[65]

📖 **寧作貧人妻 莫做富家妾**
영 작 빈 인 처 막 주 부 가 첩
nìng zuò pínrén qī, mò zuò fùjiā qiè

---

64) **磚** 벽돌 전(甎)과 같음.
65) **越 ~ 越** ~할수록 ~하다.

차라리 가난한 사람의 아내가 될지언정 부자의 첩이
되지는 말라.

➤ **娶卽妻 奔卽妾** qǔ jí qī, bēn jí qiè
　취 즉 처　분 즉 첩

예를 갖춰 맞이하면 아내이고, 예를 못 갖추었으면
첩이다.[66]

📖 **一世破婚三世窮** yīshì pòhūn sānshì qióng
　일 세 파 혼 삼 세 궁

파혼을 한 번 하면 3대가 곤궁하다.

➤ **同姓爲婚 其類不蕃**
　동 성 위 혼　기 류 불 번
　tóngxìng wéi hūn, qí lèi bù fán

동성끼리 혼인을 하면 그 집안이 번창하지 못한다.[67]

📖 **有其父必有其子** yǒu qí fù bì yǒu qí zǐ
　유 기 부 필 유 기 자

그 아버지에 꼭 그 아들. (나쁜 의미로 쓰임.)

---

66) **做** ~을 하다. **作**과 같음. **奔** 비정상적 결혼, 달릴 분.
67) **蕃** 우거질 번.

➢ **有其主必有其奴** yǒu qí zhǔ bì yǒu qí nú
유 기 주 필 유 기 노

그 주인에 그 노비.[68]

📖 **有子莫嫌愚** yǒu zǐ mò xián yú
유 자 막 혐 우

자식이 있으면 어리석다고 미워하지 말라. (없는 것보
다 훨씬 낫다.)

➢ **有錢難買子孫賢** yǒu qián nán mǎi zǐsūn xián
유 전 난 매 자 손 현

돈이 있다 하여도 현명한 자손을 살 수 없다.[69]

📖 **二嫁由身** èr jià yóu shēn
이 가 유 신

여자의 재혼은 자신이 결정한다.

➢ **二茬子瓜更甜** èr cházi guā gèng tián
이 치 자 과 경 첨

끝물 참외가 더 달다. (재혼한 부부가 더 달콤하다.)[70]

---

68) **其** 그의, 그러한 것.
69) **嫌** 싫어할 혐.

94

📖 **二人同一心 黃土變成金**

이 인 동 일 심　황 토 변 성 금

èrrén tóng yīxīn, huángtǔ biànchéng jīn

부부가 한 마음이 되면 황토가 황금으로 변한다.

➤ **一粒芝麻也要掰開吃**

일 입 지 마 야 요 배 개 흘

yī lì zhīma yě yào bāi kāi chī

참깨 하나라도 같이 나누어 먹다.[71]

📖 **人家的妻子 自己的孩子** rénjiādè qīzi, zìjǐdè háizi

인 가 적 처 자　자 기 적 해 자

남의 마누라가 더 예뻐 보이지만, 자식은 내 자식이
더 예쁘다.

➤ **人家的肉 貼不到自己身上**

인 가 적 육　첩 부 도 자 기 신 상

rénjiādè ròu, tiē bùdào zìjǐ shēnshàng

남의 고기는 내 몸의 살점이 되지 않는다.[72]

---

70) 茬 풀 모양 치, 그루, 이모작. 惦 달 첨.

71) 粒 낟알 립(입). 芝 지초 지. 芝麻 참깨. 掰 쪼갤 배.

72) 人家 다른 사람. 孩 아이 해. 孩子 아이. 貼 붙을 첩.

📖 **人老思兒孫** rén lǎo sī ér sūn

인 노 사 아 손

사람이 늙으면 자손을 생각한다.

➤ **君子抱孫不抱子** jūnzǐ bào sūn bù bào zǐ

군 자 포 손 불 포 자

군자는 손자를 안아주지만 아들을 안지 않는다.[73]

📖 **一家有女百家求** yījiā yǒu nǔ bǎijiā qiú

일 가 유 녀 백 가 구

한 집에 딸이 있으면 여러 집에서 구혼한다.

➤ **一女百求 納聘爲定** yī nǔ bǎi qiú, nàpìn wéidìng

일 녀 백 구 납 빙 위 정

딸 하나에 많은 집에서 청혼하지만 납폐로 혼사를 정한다.[74]

📖 **一個鍋裏吃飯的人** yīgè guōlǐ chīfàn de rén

일 개 과 리 흘 반 적 인

한솥밥을 먹은 사람.

---

73) 抱 안을 포.

74) 納 : 納幣 납폐. 聘 청할 빙, 부를 빙.

➤ 一個屋簷下過日子 yīgè wūyán xià guò rìzi
일 개 옥 첨 하 과 일 자

하나의 처마 아래서 살다.[75]

📖 一女不吃兩家茶 yī nǚ bù chī liǎngjiā chá
일 녀 불 흘 양 가 다

여자는 두 집의 차를 마시지 않는다. (두 사람과 정혼할
수 없다.)

➤ 十女九守 十男九偷
십 녀 구 수   십 남 구 투
shí nǚ jiǔ shǒu, shí nán jiǔ tōu

여자 열 명 중 아홉은 정조를 지키지만, 남자 열 명
중 아홉은 바람을 피운다.[76]

📖 一馬不備兩鞍 yīmǎ bù bèi liǎng ān
일 마 불 비 양 안

말 한 필에 안장 두 개를 얹지 않는다.

➤ 先嫁由爹娘 後嫁由自身
선 가 유 다 낭   후 가 유 자 신

---

75) 鍋 솥 과. 吃 먹을 흘. 屋 집 옥. 簷 처마 첨.
76) 偷 훔칠 투, 바람을 피우다.

xiān jià yóu diēniáng, hòujià yóu zìshēn

첫 결혼은 부모 뜻대로, 나중 결혼은 자신 뜻대로 한다.[77]

📖 **一個閨女半個後** yī gè guīnǚ bàn gè hòu
일 개 규 녀 반 개 후

딸은 반쪽 아들.

➤ **半子之勞** bànzǐ zhī láo
반 자 지 로

사위가 처부모에게 효성을 다한다.[78]

📖 **子不言父過 臣不彰君惡**
자 불 언 부 과　　신 불 창 군 악
zǐ bù yán fù guò, chén bù zhāng jūn è

자식은 부친의 허물을 말할 수 없고, 신하는 주군의 악행을 드러낼 수 없다.

➤ **子不談母醜** zǐ bù tán mǔ chǒu
자 불 담 모 추

---

77) **鞍** 안장 안. **爹** 아비 다. **娘** 어머니 낭, 아가씨.
78) **閨** 규방 규, 여인의 거처. **半子** 절반의 자식, 사위.

자식은 어미의 못생긴 모습을 말할 수 없다.[79]

📖 **子以母貴 母以子貴** zǐ yǐ mǔ guì, mǔ yǐ zǐ guì
자 이 모 귀   모 이 자 귀

아들은 어머니 덕에 고귀해지고, 어머니는 자식 덕으로 고귀해진다.

➤ **子用父錢心不痛** zǐ yòng fù qián xīn bù tòng
자 용 부 전 심 불 통

자식은 아버지가 번 돈을 쓰면서도 마음이 아프지 않다.[80]

📖 **子智父母樂** zǐ zhì fùmǔ lè
자 지 부 모 락

자식이 똑똑하면 부모 마음이 즐겁다.

➤ **子孫無福 怪墳怪屋**
자 손 무 복   괴 분 괴 옥
zǐsūn wúfú, guài fén guài wū

자손이 복이 없으면 무덤자리나 집터를 탓한다.[81]

---

79) **過** 허물 과. **彰** 밝을 창, 드러내다.
80) **痛** 아플 통.

📖 **丈母娘痛女婿** zhàngmǔniáng tòng nǚxù
장 모 낭 통 여 서

장모는 사위를 끔찍하게 아껴준다.

➤ **招來女婿忘了兒** zhāolái nǚxù wàngle ér
초 래 여 서 망 료 아

사위를 챙겨주다가 아들을 잊어버린다.[82]

📖 **丈夫就是天** zhàngfū jiù shì tiān
장 부 취 시 천

남편은 곧 하늘이다.

➤ **好漢無好妻 賴漢娶仙女**
호 한 무 호 처   뇌 한 취 선 녀
hǎohàn wú hǎoqī làihàn qǔ xiānnǚ

잘난 사나이에게 좋은 아내 없고, 게으른 사내가 선녀
를 얻는다.[83]

📖 **在家敬父母 何用遠燒香**
재 가 경 부 모   하 용 원 소 향

---

81) **怪** 괴이할 괴, 탓하다.
82) **丈母娘** 장모. **痛** 아플 통, 마음 아파하다.
83) **賴** 게으를 뇌, 의지하다. **娶** 장가들 취.

100

zàijiā jìng fùmǔ, hé yòng yuǎn shāoxiāng

집에서 부모를 공경한다면, 밖에 나가 향을 태워 무엇에 쓰는가?

➤ **孝敬父母天降福** xiàojìng fùmǔ tiān jiàngfú
효 경 부 모 천 강 복

부모에게 효도하면 하늘에서 복을 내린다.[84]

📖 **朱門出阿斗 寒門出壯元**
주 문 출 아 두 한 문 출 장 원
zhūmén chū ādǒu, hánmén chū zhuàngyuán

권세가 집에서는 못난 아들이 나오고 한미한 집안에서 장원이 나온다.

➤ **傳子不傳女** chuán zǐ bù chuán nǚ
전 자 부 전 녀

(가전家傳의 기술이나 비법은) 아들에게 전수하지 딸에게는 전수하지 않는다.[85]

📖 **知夫莫若妻** zhī fū mò ruò qì
지 부 막 약 처

---

84) 燒 태우다, 사를 소.
85) 阿斗 촉한 소열제 유비의 아들, 못나고 용렬(庸劣)한 인물의 표준.

아내만큼 남편을 아는 이 없다.

➢ **知女莫若母** zhī nǚ mò ruò mǔ
지 녀 막 약 모

어머니만큼 딸을 아는 이 없다.86)

📖 **妻不如妾 妾不如偸** qī bùrú qiè, qiè bùrú tōu
처 불 여 첩 첩 불 여 투

처는 첩만 못하고 첩은 몰래 관계하는 여인만 못하다.

➢ **妻子雖美 寵愛不得**
처 자 수 미 총 애 부 득
qī zǐ suī měi, chǒngài bù dé

미인이지만 사랑을 못 받는 아내도 있다.87)

📖 **妻不賢 子不孝** qī bù xián, zǐ bù xiào
처 불 현 자 불 효

처는 어질지 못하고 자식은 효도하지 않는다.

➢ **女人舌頭上沒骨頭** nǚrén shétóu shǎng méi gǔtóu
여 인 설 두 상 몰 골 두

---

86) **莫** 아닐 막, 아무도 ~하지 않다, ~않다. **若** 같을 약.

87) **偸** 훔칠 투, 도둑질하듯 남 몰래 관계하다.

102

여자의 혀에는 뼈가 없다.[88]

📖 **妻賢家道興** qī xián jiādào xīng
처 현 가 도 흥

아내가 현명하면 살림이 좋아진다.

➤ **妻跟丈夫 水隨溝流**
처 근 장 부   수 수 구 류
qī gēn zhàngfū, shuǐ suí gōu liú

처는 남편을 따라가고, 물은 도랑을 따라 흐른다.[89]

📖 **娶老婆是接財神** qǔ lǎopó shì jiē cáishén
취 노 파 시 접 재 신

아내를 얻는 것은 재물의 신을 맞이하는 것이다.

➤ **娶媳婦是小登科** qǔ xífù shì xiǎo dēngkē
취 식 부 시 소 등 과

아내를 얻는 것은 소과小科에 합격하는 것이다. (행복
하고 기쁜 일이다.)[90]

---

88) 舌頭 혀. 頭 명사 뒤에 붙는 접미사. 骨頭 뼈. 木頭 나무.
89) 家道 가문의 법도, 살림살이. 跟 발꿈치 근, 따라가다. 溝 도랑
구.

📖 **娶妻取德, 選妾選色**
　　취 처 취 덕　선 첩 선 색
　qǔ qī qǔ dé, xuǎn qiè xuǎn sè

아내를 얻을 때는 부덕婦德을 취하고, 첩은 미색美色으
로 골라야 한다.

➤ **娶婦須擇不如我家者**
　　취 부 수 택 불 여 아 가 자
　qǔ fù xū zé bùrú wǒ jiā zhě

며느리를 고를 때는 모름지기 나보다 못한 집에서 골
라야 한다.91)

📖 **癡人畏婦 賢女畏夫**
　　치 인 외 부　현 녀 외 부
　chīrén wèi fù, xiánnǚ wèi fū

멍청한 사내가 마누라를 무서워하고 현명한 여자는
남편을 두려워한다.

➤ **擡頭老婆低頭漢** tái tóu lǎo pó dī tóu hàn
　　대 두 노 파 저 두 한

---

90) **娶** 장가들 취. **老婆** 아내. **媳** 며느리 식. **媳婦** 며느리.
　　若 같을 약.
91) **須** 모름지기 수. **擇** 고를 택.

104

고개를 처든 아내와 고개 숙인 남자.[92]

📖 **親戚有遠近 朋友有厚薄**
　　친 척 유 원 근　 붕 우 유 후 박
　 qīnqi yǒu yuǎnjìn, péngyou yǒu hòubáo

친척에는 멀고 가까운 이가 있고, 친구 우정에는 두텁고 얇음이 있다.

➤ **親家朋友遠來香** qīnjia péngyou yuǎn lái xiāng
　　친 가 붕 우 원 래 향

친척과 친구는 멀리 떨어져 있어야 좋다.[93]

📖 **七歲八歲討狗嫌** qīsuì bāsuì tǎo gǒu xián
　　칠 세 팔 세 토 구 혐

일곱, 여덟 살 어린애는 개도 싫어한다.

➤ **尿出狗 家家有** niào chū gǒu jiājia yǒu
　　요 출 구　 가 가 유

오줌 싸는 강아지, 어린아이는 집집마다 있다.[94]

----

92) **痴** 어리석을 치癡의 속자. **畏** 두려워할 외. **擡** 들어 올릴 대.
93) **厚** 두터울 후. **薄** 엷을 박.
94) **嫌** 싫어할 혐. **討嫌** 미움을 받다. **尿出狗** 어린 아이를 지칭함.

📖 **打是親 罵是愛** dǎ shì qīn, mà shì ài
타 시 친 매 시 애

친하니 매를 들고, 사랑이 있으니 꾸짖는다. (부부간의
관계.)

➤ **打是慇懃 罵是愛** dǎ shì yīnqín, mà shì ài
타 시 은 근 매 시 애

매는 은근한 사랑이고 책망은 애정이다.[95]

📖 **表壯不如裏壯** biǎo zhuàng bù rú lǐ zhuàng
표 장 불 여 이 장

겉남편 든든한 것은 속아내 든든한 것만 못하다.

➤ **醜妻近地家中寶** chǒuqī jìndì jiā zhōng bǎo
추 처 근 지 가 중 보

못생긴 아내와 가까운 텃밭은 집안의 보배이다.[96]

📖 **被底鴛鴦** bèi dǐ yuānyāng
피 저 원 앙

이불 아래의 원앙. 부부사이.

---

95) **打** 때릴 타. **罵** 욕할 매. **慇** 정성스러울 은. **懃** 친절할 근.
96) **表** 겉 표. **裏** 속 리(이).

➤ **天生一對 地造一雙**
천 생 일 대　지 조 일 쌍
tiānshēng yīduì, dìzào yīshuāng

하늘과 땅이 만들어준 한 쌍. (천생연분.)97)

📖 **村裏夫妻 步步相隨** cūnli fūqī bùbù xiāngsuí
촌 리 부 처　보 보 상 수

시골마을 부부는 언제나 같이 다닌다.

➤ **好夫妻也有紅臉時**
호 부 처 야 유 홍 검 시
hǎo fūqī yě yǒu hóng liǎn shí

사이좋은 부부라도 싸울 때가 있다.98)

📖 **好人家 好家法** hǎorén jiā, hǎo jiāfǎ
호 인 가　호 가 법

훌륭한 사람 집에는 좋은 가법이 있다.

➤ **惡人家 惡擧動** èrén jiā, è jǔdòng
악 인 가　악 거 동

악인의 집에는 악한 버릇이 있다.99)

---

97) 被 이불 피, 덮다. 鴛 수컷 원앙 원. 鴦 암컷 원앙 앙.
98) 隨 따를 수.

📖 **好弟兄勸算賬** hǎo dìxiōng quàn suànzhàng
  호 제 형 권 산 장

비록 형제라도 계산하는 것이 좋다.

➤ **兄弟雖和勸算數** xiōngdì suī hé, quàn suànshù
  형 제 수 화 권 산 수

형제가 화목하더라도 따질 것은 따져야 한다.[100]

---

99) **屋** 집 옥. **餓** 굶주릴 아.
100) **勸** 권할 권. **算** 셈할 산. **賬** 치부책 장.

제3부　인생살이에 관한 속담

知者樂　仁者壽

논어(論語) 옹야(雍也)

📖 **各人有各人的飯** gèrén yǒu gèrén de fàn
각 인 유 각 인 적 반

모두가 타고난 제 밥을 갖고 있다.

➢ **各人洗臉各人光** gè rén xǐ liǎn gè rén guāng
각 인 세 검 각 인 광

각자 자기 얼굴을 씻어 모양을 낸다.[1]

📖 **講曹操 曹操就到** jiǎng Cáocāo, Cáocāo jiùdào
강 조 조 　 조 조 취 도

조조 이야기를 하면 조조가 곧 온다.

➢ **說鬼鬼來 講人人到**
설 귀 귀 래 　 강 인 인 도
shuō guǐ guǐ lái, jiǎng rén rén dào

귀신 이야기를 하면 귀신이 나오고, 사람을 말하면
사람이 온다.[2]

📖 **鷄狗不到頭** jī gǒu bù dào tóu
계 구 부 도 두

닭띠와 개띠가 결혼하면 해로偕老하지 못한다.

----

1) **洗** 씻을 세. **臉** 뺨 검.
2) **講** 말하다. **就** 곧, 바로. **到** 이를 도. **曹操** 삼국시대의 영웅.

110

> **虎兔淚双流** hū tù lèi shuāng liú
호 토 루 쌍 류

호랑이띠와 토끼띠가 결혼하면 둘 다 눈물을 흘린
다.3)

📖 **關公看春秋** Guāngōng kàn Chūnqīu
관 공 간 춘 추

관우가 『춘추春秋』를 보다. (억지로 참다.)

> **關老爺帳下耍大刀**
관 노 야 장 하 사 대 도
Guān lǎoyé zhàngxia shuǎ dàdāo

관운장의 장막에서 큰 칼을 휘두르다.4)

📖 **窮算命 富燒香** qióng suàn mìng, fù shāo xiāng
궁 산 명 부 소 향

가난한 사람은 점을 치고, 부자는 향을 피운다.

---

3) **淚** 눈물 루.
4) **關** 빗장 관, 성 관. **看** 볼 간, 읽다. **看書** 책을 읽다. 관우가 팔에
   독화살을 맞고 명의 화타(華佗)의 치료를 받는 동안 고통을 이기려고
   억지로 『춘추(春秋)』를 읽었다는 이야기. **耍** 희롱할 사.

➤ **天無三日雨 人沒一世窮**
천 무 삼 일 우 인 몰 일 세 궁
tiān wú sānrì yǔ, rén méi yīshì qióng

하늘에 3일 동안 계속 오는 비 없고, 한평생 가난한 사람 없다.[5]

📖 **窮有窮愁 富有富愁**
궁 유 궁 수 부 유 부 수
qióng yǒu qióngchóu, fù yǒu fùchóu

가난뱅이는 가난한 대로 걱정거리가 있고, 부자는 부자대로 걱정거리가 있다.

➤ **人心無剛一世窮** rénxīn wú gāng yīshì qióng
인 심 무 강 일 세 궁

사람이 야무진 데가 없으면 일생 동안 궁하다.[6]

📖 **窮人無病抵半富** qióngrén wú bìng dǐ bàn fù
궁 인 무 병 저 반 부

가난한 사람이 병이 없다면 반은 부자가 된 셈이다.

---

5) **算** 셈할 산, 점칠 산.
6) **剛** 굳셀 강. **卦** 걸 괘, 점괘 괘. **燒** 불사를 소.

➢ **身體是本錢** shēntǐ shì běnqián
신 체 시 본 전

건강한 몸이 밑천이다.[7]

📖 **窮人自有窮打算** qióngrén zì yǒu qióng dǎsuàn
궁 인 자 유 궁 타 산

가난뱅이에게도 나름대로 계산이 있다.

➢ **窮人自有窮菩薩** qióngrén zìyǒu qióngpúsā
궁 인 자 유 궁 보 살

가난뱅이에게도 가난한 보살이 있다.[8]

📖 **窮通富貴皆前定** qióngtōng fùguì jiē qián dìng
궁 통 부 귀 개 전 정

곤궁과 통달, 부자와 귀인은 다 정해진 것이다.

➢ **窮通有命 富貴在天**
궁 통 유 명　　부 귀 재 천
qióngtōng yǒu mìng fù guì zài tiān

곤궁과 영달이 다 타고난 팔자이고, 부귀는 하늘의
뜻이다.[9]

---

7) 抵 막을 저, 맞먹다, 필적하다.
8) 菩 보리나무 보. 薩 보살 살.

今日不知明日事 jīnrì bùzhī míngrì shì
금 일 부 지 명 일 사

내일 일을 오늘은 알지 못한다.

人不知死 車不知覆 rén bùzhī sǐ, chē bù zhī fù
인 부 지 사　거 부 지 복

사람은 언제 죽을지 모르고, 수레는 어디서 엎어질지
모른다.10)

癩皮狗扶不上墙 làipígǒu fúbùshàng qiáng
나 피 구 부 부 상 장

비루먹은 개는 들어 담 위에 올릴 수 없다.

癩皮狗生毛要咬人
나 피 구 생 모 요 교 인
làipígǒu shēngmáo yào yǎo rén

비루먹은 개도 털이 나면 사람을 물려고 한다. (시시
껄렁한 놈도 돈을 벌면 날뛴다.)11)

---

9) **窮** 가난할 궁, 막힐 궁, 다할 궁.
10) **覆** 뒤집힐 복.
11) **癩** 문둥이 나(라). **癩皮狗** 털 빠진 개, 시시껄렁한 놈.

📖 **男餓三 女餓七** nán è sān, nǚ è qī
남아삼 여아칠

남자는 3일간 굶을 수 있고, 여자는 7일간 굶을 수
있다.

➢ **男人無剛 不如粗糠**
남 인 무 강 불 여 조 강
nánrén wú gāng, bùrú cū kāng

사내가 강직하지 않다면 쌀겨만도 못하다.[12]

📖 **膽大福自大** dǎn dà fú zì dà
담 대 복 자 대

담력이 크면 들어오는 복도 저절로 크다.

➢ **膽小發不了大財** dǎn xiǎo fābuliǎo dàcái
담 소 발 불 료 대 재

담력이 작으면 큰 돈을 벌 수 없다.[13]

📖 **大難不死 必有後福** dànán bù sǐ, bì yǒu hòu fú
대 난 불 사 필 유 후 복

---

12) **粗** 거칠 조. **糠** 쌀겨 강. 가축의 사료.
13) **膽** 쓸개 담, 담력, 배짱.

큰 환난에도 쓰러지지 않았다면 틀림없이 큰 복을 받는다.

➤ **大青天下雹子** dà qīngtiān xià báozi
대 청 천 하 박 자

푸른 하늘에서 우박이 쏟아지다. (뜻밖의 재앙.)[14]

📖 **倒霉上卦攤** dǎo méi shàng guàtān
도 매 상 괘 탄

재수 없는 사람이 점쟁이를 찾아간다.

➤ **命難改 運可移** mìng nán gǎi, yùn kě yí
명 난 개　운 가 이

팔자는 바꿀 수 없지만, 운수는 옮길 수 있다.[15]

📖 **命裏無財該受窮** mìngli wúcái gaī shòu qióng
명 리 무 재 해 수 궁

팔자에 재물이 없다면 당연히 가난해야 한다.

➤ **富貴都是天鑄成** fùguì dōu shì tiān zhùchéng
부 귀 도 시 천 주 성

----

14) 雹 우박 박.

15) 霉 곰팡이 매. **倒霉** 재수 없다. **攤** 펼 탄. **卦攤** 점쟁이의 좌판.

부귀는 모두 하늘이 쇠에 새겨 놓은 것이다.[16]

📖 **謀事在人 成事在天**
모 사 재 인　성 사 재 천
móushì zàirén, chéngshì zàitiān

사람이 일을 꾸미지만, 일의 성취 여부는 하늘에 있다.

➢ **謀事在人 成事也在人**
모 사 재 인　성 사 야 재 인
móushì zàirén, chéngshì yě zàirén

일을 꾸미는 것도, 성사여부도 사람에 달려있다.[17]

📖 **武大郞開店** WǔDàláng kāi diàn
무 대 랑 개 점

무대랑이 차린 가게. 작고 볼품이 없다.

➢ **武大郞賣豆腐 人鬆貨也軟**
무 대 랑 매 두 부　인 송 화 야 연
WǔDàláng mài dòufǔ, rén sōng huò yě ruǎn

무대랑이 두부를 파는데, 사람도 물건도 다 물렁하
다.[18]

---

16) 該 그(其) 해, 마땅할 해. 都 모두 도. 鑄 쇳물 부어 만들 주.
17) 謀 꾀할 모. 也 어조사 야.

📖 **武大郎的鷄巴 — 長不了**

무 대 랑 적 계 파　　　장 불 료

WǔDàlángde jība — zhǎng bù liǎo

무대랑의 음경陰莖 — 더 커질 수 없다. (좋아질 가망이
없다.)

➤ **武大郎打虎** WǔDàláng dǎ hū

무 대 랑 타 호

무대가 호랑이를 때려잡다. (그럴 리가 없다.)[19]

📖 **悶頭兒財主** mēntóur cáizhǔ

민 두 아 재 주

드러나지 않은 부자. (알부자.)

➤ **表富不如裏富** biǎo fù bù rú lǐ fù

표 부 불 여 이 부

소문난 부자는 알부자만 못하다.[20]

---

18) **武大郎** 水滸誌 속 **武松**의 형 **武大**, 못난 사람의 대명사.
    鬆 느슨하다, 무르다.

19) **鷄巴** 사나이 생식기.

20) **悶** 울적할 민, 꼭 닫다. **悶頭** 재산이 있어도 알려지지 않은 사람.
    兒 명사 뒤에 붙어 r로 발음된다. **例** 花huā+兒ér=花兒huār 꽃.
    '아이'란 의미는 없음.

📖 **白狗吃肉 黑狗當災** báigǒu chīròu hēigǒu dāngzāi
백 구 흘 육 흑 구 당 재

고기는 흰 개가 먹었는데, 매는 검은 개가 맞는다.

➤ **狗吃誰的飯 就替誰看門**
구 흘 수 적 반 취 체 수 간 문
gǒu chī shuíde fàn, jiù tì shuí kānmén

개는 자기를 먹여주는 사람을 위하여 문을 지켜준
다.[21]

📖 **伯樂一顧 馬價十倍** Bólè yī gù, mǎ jià shíbèi
백 락 일 고 마 가 십 배

백락이 한 번 돌아보니 말 값이 열 배로 뛴다.

➤ **千里馬常有 而白樂不常有**
천 리 마 상 유 이 백 락 불 상 유
qiānlǐmǎ chángyǒu, ér Báilè bù cháng yǒu

천리마는 언제나 있지만, 천리마를 알아보는 백락이
늘 있는 것은 아니다.[22]

---

21) 吃 먹을 흘, 災 재앙 재.
22) 顧 돌아볼 고. 伯樂 秦 穆公 때. 千里馬를 볼 줄 알았던 名人. 인재를
발탁할 수 있는 사람.

📖 **惜福積福** xī fú jī fú
석 복 적 복

분수를 지키는 것이 복을 쌓는 것이다.

➤ **作福不如避禍** zuò fú bùrú bí huò
작 복 불 여 피 화

복을 받는 것은 재앙을 피하는 것만 못하다.23)

📖 **福在醜人邊** fú zài chǒurén biān
복 재 추 인 변

복은 못 생긴 사람 곁에도 있다.

➤ **庸人多厚福** yōngrén duō hòu fú
용 인 다 후 복

보통 사람에게도 큰 복이 많다.24)

📖 **富貴榮華如曇花** fùguì rónghuá rú tánhuā
부 귀 영 화 여 담 화

부귀영화는 우담화와 같다.

---

23) **惜** 아낄 석. **避** 피할 피.
24) **庸** 평범할 용, 쓸 용.

120

➤ **富貴功名草頭露** fùguì gōngmíng cǎo tóu lù

부 귀 공 명 초 두 로

부귀와 공명이란 풀끝에 맺힌 이슬.[25]

📖 **笨鳥先飛 大器晚成**

분 조 선 비　대 기 만 성

bènniǎo xiān fēi, dà qì wǎn chéng

우둔한 새가 먼저 날고, 대기는 만성이다.

➤ **笨人有笨福** bènrén yǒu bènfú

분 인 유 분 복

우둔한 사람에게도 미련한 복은 있다.[26]

📖 **不辨菽麥 白面書生**

불 변 숙 맥　백 면 서 생

bù biàn shū mài báimiàn shūshēng

콩과 보리를 구별 못하고, 세상 물정을 모르는 서생.

➤ **飯桶茶罐子** fàntǒng cháguànzi

반 통 다 관 자

----

25) **曇** 흐릴 담. **曇花 優曇華** Udambara 불교 설화. 삼천 년에 한
번, 잠깐 피는 꽃.

26) **笨** 어리석을 분, 능력이 떨어지다. **晚** 늦을 만.

밥통과 차 항아리. 무능력자.[27]

📖 **鼻歪意不端** bí wāi yì bù duān
비 왜 의 부 단

콧대가 바르지 않은 사람은 생각도 삐뚤어졌다.

➤ **鼻直口方** bí zhí kǒu fāng
비 직 구 방

콧대는 곧고 입은 반듯하다. (남자다운 용모.)[28]

📖 **貧富皆有命** pínfù jiē yǒu mìng
빈 부 개 유 명

가난뱅이와 부자는 모두 타고난 팔자이다.

➤ **貧賤不能移** pínjiàn bùnéng yí
빈 천 불 능 이

빈천한 팔자는 바꿀 수 없다.[29]

📖 **貧賤夫妻百事哀** pínjiàn fūqī bǎishì āi
빈 천 부 처 백 사 애

---

27) **菽** 콩 숙. **麥** 보리 맥. **桶** 통 통. **罐** 항아리 관.
28) **鼻** 코 비. **鼻子** 코. **歪** 삐뚤 왜(외).
29) **賤** 천할 천. **移** 옮길 이.

가난한 부부에겐 온갖 일이 모두 서럽다.

➢ **貧與貪字一樣寫** pín yǔ tān zì yī yàng xiě
빈 여 탐 자 일 양 사

'빈' 자와 '탐' 자는 같은 글자로 쓴다.[30]

📖 **相有福禍 話有好醜**
상 유 복 화　화 유 호 추
xiàng yǒu fú huò, huà yǒu hǎochǒu

사람 인상에 화와 복이 있듯 언사에 좋고 나쁜 말이 있다.

➢ **相好命好 命好相好**
상 호 명 호　명 호 상 호
xiànghǎo mìnghǎo, mìnghǎo xiànghǎo

인상이 좋으면 팔자도 좋고 팔자가 좋으면 인상도 좋
다.[31]

📖 **想一想 死不得** xiǎng yī xiǎng, sǐ bùde
상 일 상　사 부 득

한 번 더 생각하라. 죽어서는 안 된다. (자살 방지용
표어.)

---

30) **貪** 탐할 탐. **樣** 모양 양.
31) **醜** 추할 추.

> **塞翁失馬 禍福未知**
> 새 옹 실 마　화 복 미 지
> sàiwēng shī mǎ, huòfú wèi zhī

새옹이 잃어버린 말, 그 화복을 알 수 없다.[32]

📖 **西方不亮東方亮** xīfāng bù liàng dōngfāng liàng
서 방 불 량 동 방 량

서쪽이 밝지 않다면 동쪽이 밝다. (희망은 어디든 있다.)

> **東邊日出西邊雨** dōngbian rìchū xībian yǔ
> 동 변 일 출 서 변 우

동쪽은 해가 났는데 서쪽은 비가 온다.[33]

📖 **夕陽無限好 只是近黃昏**
석 양 무 한 호　지 시 근 황 혼
xīyáng wúxiàn hǎo, zhǐshì jìn huánghūn

석양이 아무리 아름다워도 그저 황혼일 뿐이다.

> **人無千日好 花無百日紅**
> 인 무 천 일 호　화 무 백 일 홍

---

32) 塞 변방 새, 막힐 색.
33) 亮 밝을 량.

124

rén wú qiānrì hǎo, huā wú bǎirì hóng

사람에게 천 일 동안 좋은 날 없고, 백일 내내 붉은 꽃 없다.[34]

📖 **小鷄下大蛋** xiǎojī xià dàdàn
소 계 하 대 단

작은 닭이 큰 알을 낳다.

➤ **小路幷大路** xiǎolù bìng dàlù
소 로 병 대 로

작은 길이 큰 길을 합쳐버렸다.[35]

📖 **少年食肉 老了食粥**
소 년 식 육   노 료 식 죽
shàonián shí ròu, lǎole shízhōu

젊어 고기를 먹으면 늙어 죽을 먹는다.

➤ **少年不節約 老了當狗爬**
소 년 부 절 약   노 료 당 구 파
shàonián bù jiéyuē, lǎole dāng gǒupá

----

34) 夕陽無限好~ 唐 李商隱 詩樂游原
35) 蛋 알 단. 幷 어우를 병.

소년 시절에 절약하지 않으면 늙어 개처럼 기어야 한다.[36]

小時懶 大時貪 xiǎoshí lǎn, dàshí tān
소 시 나 대 시 탐

젊어 게으르면 늙어 탐욕뿐이다.

➢ 小來穿線 大來穿絹
소 래 천 선 대 래 천 견

xiǎo lái chuān xiàn, dà lái chuān juàn

어려서 무명옷을 입으면 늙어 비단옷을 입는다.[37]

秀才談書 屠夫說猪 xiùcái tánshū, túfū shuō zhū
수 재 담 서 도 부 설 저

수재는 책을 말하고, 백정은 돼지 이야기를 한다.

➢ 四書熟 秀才足 Sìshū shú, xiùcái zú
사 서 숙 수 재 족

사서에 통달하면 너끈하게 수재는 될 수 있다.[38]

---

36) 粥 죽 죽. 爬 긁을 파, 기어 다니다. 狗爬 개헤엄.
37) 懶 게으를 나. 線 실 선. 면실로 짠 옷[線布], 絹 명주 견.
38) 屠 잡을 도. 秀才 ; 明, 淸代 生員, 독서인.

📖 **身在福中不知福** shēn zài fúzhōng, bùzhī fú
신 재 복 중 부 지 복

복을 타고난 사람은 그것이 복인 줄 모른다.

➢ **人有生死 物有毀壞**
인 유 생 사　　물 유 훼 괴
rén yǒu shēngsǐ, wù yǒu huǐhuài

사람에게는 삶과 죽음이 있고, 물건은 부서지고 없어
진다.[39]

📖 **深一脚淺一脚** shēn yī jiǎo qiǎn yī jiǎo
심 일 각 천 일 각

깊은 곳에도 한 발, 얕은 곳에도 한 발. (울퉁불퉁한
(굴곡이 심한) 인생역정.)

➢ **高不成 低不就** gāo bù chéng, dī bù jiù
고 불 성　저 불 취

혼사에는 눈이 높아도 안 되고, 낮아도 안 된다.[40]

📖 **十個胖子九個富** shí gè pàngzǐ jiǔ gè fù
십 개 반 자 구 개 부

---

39) **毀** 헐 훼. **壞** 무너질 괴.
40) **脚** 다리 각. **淺** 얕을 천.

뚱보 열 명 중 아홉은 부자다.

➤ **十個財主九個摳** shí gè cáizhǔ jiǔ gè kōu
  십 개 재 주 구 개 구

부자 열 명 중 아홉은 구두쇠다.[41]

📖 **女人頭髮長 見識短**
  여 인 두 발 장   견 식 단
  nǚrén tóufa cháng, jiànshí duǎn

여인의 머리는 길지만 식견은 짧다.

➤ **女子無才便是德** nǚzǐ wú cái biàn shì dé
  여 자 무 재 편 시 덕

여자는 재주가 없다는 것이 바로 덕德이다.[42]

📖 **燕瘦環肥 各盡己美**
  연 수 환 비   각 진 기 미
  Yànshòu Huánféi, gè jìn jǐ měi

조비연은 말랐고 양귀비는 통통했으니, 각자의 아름
다움이 있었다.

---

41) **胖** 살찔 반. **摳** 후벼 팔 구, 인색하다.
42) **髮** 터럭 발. **便** 곧 편, 편할 편.

> **西眉南臉之美** Xī méi Nán liǎn zhī měi
> 서 미 남 검 지 미
>
> 서시西施의 눈썹과 남위南威의 얼굴.[43)]

📖 **英雄肝膽 菩薩心腸**
영 웅 간 담 보 살 심 장
yīngxióng gān dǎn, púsà xīncháng

영웅의 용기와 보살의 선량한 마음.

> **英雄所見若同** yīngxióng suǒ jiàn ruò tóng
> 영 웅 소 견 약 동
>
> 영웅의 생각은 대략 비슷하다.[44)]

📖 **英雄敬英雄** yīngxióng jìng yīngxióng
영 웅 경 영 웅

영웅은 영웅을 존경한다.

> **不到長城非好漢** bù dào chángchéng fēi hǎohàn
> 부 도 장 성 비 호 한

---

43) 燕 제비 연. 瘦 마를 수. 環 고리 환. 施 베풀 시. 漢 成帝의 총애를
받은 趙飛燕은 아주 가냘픈 여인이었고, 唐 玄宗의 총애를 받은 양옥환(楊
玉環 : 楊貴妃)는 풍만한 미인이었다. 춘추시대 월越의 미인 서시(西施),
춘추(春秋)시대 진晉의 미인 남위(南威).

44) 腸 창자 장.

만리장성에 오르지 않으면 대장부가 아니다.[45]

📖 **英雄難過美人關** yīngxióng nán guò měirén guān
영 웅 난 과 미 인 관

영웅은 미인의 관문을 지나기 어렵다.

➤ **兒女情長 英雄氣短**
아 녀 정 장　　영 웅 기 단
érnǚ qíng cháng, yīngxióng qìduǎn

여인의 정은 깊고, 영웅의 기개는 짧다.[46]

📖 **英雄好漢不賣嘴** yīngxióng hǎohàn bù mài zuǐ
영 웅 호 한 불 매 취

영웅이나 잘난 사나이는 주둥이를 팔지 않는다.

➤ **好漢不提當年勇** hǎohàn bù tí dāngnián yǒng
호 한 부 제 당 년 용

잘난 사나이는 지난날의 용기를 자랑하지 않는다.[47]

📖 **寧爲鷄口 不爲牛後**
영 위 계 구　　불 위 우 후

---

45) **不到長城~** ; 모택동(毛澤東)의 반산사(盤山詞).
46) **關** 빗장 관, 요새를 방어하는 관문(關門).
47) **賣** 팔다, 늘어놓다. **嘴** 부리 취, 주둥이.

130

nìng wéi jīkǒu, bù wéi niúhòu

닭의 머리가 될지언정 소꼬리가 될 수는 없다.

➢ 寧爲蠅頭 不爲馬尾
영 위 승 두 불 위 마 미
nìng wéi yíngtóu, bùwéi mǎwěi

차라리 파리 대가리가 될지언정 말꼬리가 될 수 없다.[48]

玉不琢 不成器 yù bù zhuó bù chéng qì
옥 불 탁 불 성 기

옥도 다듬지 않으면 그릇물건이 되지 않는다.

➢ 朽木不可雕也 xiǔmù bùkě diāo yě
후 목 불 가 조 야

썩은 나무는 조각할 수 없다.[49]

王候本無種 wánghòu běn wúzhǒng
왕 후 본 무 종

왕후장상은 본래 씨가 없다.

---

48) 蠅 파리 승.
49) 琢 옥 다듬을 탁. 朽 썩을 후. 雕 새길 조.

➤ **王者之師 天下無敵** wángzhě zhī shī tiānxià wúdí
왕 자 지 사 천 하 무 적

왕자王者의 군사는 천하에 무적이다.[50]

📖 **幺不幺六不六** yāo bù yāo liù bù liù
요 불 요 육 불 육

일─도 아니고 육六도 아니다. (사람이 명확치 못하다.)

➤ **不三不四** bù sān bù sì
불 삼 불 사

셋도 넷도 아니다. (인품이 너절하다.)[51]

📖 **有苦才有甘** yǒu kǔ cái yǒu gān
유 고 재 유 감

쓴맛을 봐야 단맛을 안다

➤ **花發多風雨 人生苦別離**
화 발 다 풍 우 인 생 그 별 리
huāfā duō fēngyǔ rén shēng kǔ bié lí

---

50) 王者 ; 仁德으로 王이 된 자, 패자(覇者)의 반대.
51) 幺 작을 요, 주사위에 새겨진 '─' 字.

꽃이 피니 비바람이 많듯 인생에는 쓰디쓴 이별이 있다.[52]

📖 **人過留名 雁過留聲**
인 과 류 명 안 과 류 성
rén guò liú míng, yàn guò liú shēng

사람은 죽어 이름을 남기고 기러기는 날면서 소리를 남긴다.

➤ **雁過留毛 蛇走留皮**
안 과 류 모 사 주 류 피
yàn guò liú máo, shé zǒu liú pí

기러기가 있던 곳에 털이 있고, 뱀이 지나간 곳에 껍질이 있다.[53]

📖 **人過五十就該修橋補路**
인 과 오 십 취 해 수 교 보 로
rén guò wǔshí jiù gāi xiūqiáo bǔlù

사람이 50을 넘기면 응당 다리〈橋〉와 도로를 보수해야 한다.

---

52) 才 비로소 재, 겨우.
53) 留 남길 류. 雁 기러기 안. 蛇 뱀 사.

➢ **人到中年萬事休** rén dào zhōngnián wànshì xiū
인 도 중 년 만 사 휴

사람이 중년에 이르면 모든 일이 그만이다.[54]

📖 **人老百事通** rén lǎo bǎishì tōng
인 노 백 사 통

사람이 늙으면 온갖 일에 두루 통한다.

➢ **薑是老的辣** jiāng shì lǎode là
강 시 노 적 랄

생강은 오래된 것이 맵다.[55]

📖 **人老性不改** rén lǎo xìng bù gǎi
인 노 성 불 개

사람이 늙으면 본성은 못 바꾼다.

➢ **白髮故人稀** báifà gùrén xī
백 발 고 인 희

늙어 백발이 되면 아는 사람이 드물다.[56]

---

54) **就** 곧 즉, 이를 취. **該** 마땅히 ~ 해야 한다.

55) **薑** 생강 강. **辣** 매울 랄.

56) **稀** 드물 희.

📖 **人老話多** rén lǎo huà duō
인 노 화 다

사람이 늙으면 말이 많아진다.

➤ **不怕人老 單怕心老**
불 파 인 노　단 파 심 노
bù pà rén lǎo, dān pà xīn lǎo

사람 몸이 늙는 것이 두렵지 않고, 다만 마음이 늙는
것이 두렵다.[57]

📖 **人過四十逐年衰**
인 과 사 십 축 년 쇠
rén guò sìshí zhú nián shuāi

사람이 마흔을 넘기면 해마다 쇠약해진다.

➤ **人窮知己少 家落故人稀**
인 궁 지 기 소　가 락 고 인 희
rén qióng zhījǐ shǎo, jiā luò gùrén xī

사람이 궁해지면 친구도 적어지고 가문이 몰락하면
친구도 없어진다.[58]

---

57) **怕** 두려워할 파.
58) **逐** 쫓을 축. **衰** 쇠약할 쇠.

📖 **人到三十花正旺**

인 도 삼 십 화 정 왕

rén dào sān shí huā zhèng wàng

인생 삼십이면 한창 핀 꽃이다.

➤ **人過三十天過午** rén guò sān shí tiān guò wǔ

인 과 삼 십 천 과 오

서른이 넘으면 하루의 정오가 지난 셈이다[59]

📖 **人到六十瓦上霜** réndào liùshí wǎshang shuāng

인 도 육 십 와 상 상

사람 나이 예순이면 기왓장 위의 서리와 같다. 살 날이
얼마 안 남았다.

➤ **人到六十不遠行** réndào liùshí bù yuǎn xíng

인 도 육 십 불 원 행

사람 나이 육십이면 먼 곳으로 여행을 하지 않는다.[60]

📖 **人不在大小 馬不論高低**

인 부 재 대 소 마 불 론 고 저

rén bùzài dàxiǎo, mǎ bù lùn gāodī

---

59) 旺 성할 왕.

60) 瓦 기와 와. 霜 서리 상.

사람 능력은 나이에 있지 않고, 말〈馬〉은 키의 높낮이를 따지지 않는다.

➤ **人不可貌相** rén bùkě mào xiàng
인 불 가 모 상

사람은 외모로 평가할 수 없다.[61]

📖 **人死如燈滅** rén sǐ rú dēng miè
인 사 여 등 멸

사람의 죽음이란 등불이 꺼지는 것.

➤ **人死如臭泥** rén sǐ rú chòu ní
인 사 여 취 니

사람이 죽으면 한 줌의 흙![62]

📖 **人生如浮雲過眼** rénshēng rú fúyún guò yǎn
인 생 여 부 운 과 안

인생이란 눈앞에서 사라지는 뜬구름과 같다.

➤ **人生在世吃穿二字**
인 생 재 세 흘 천 이 자

---

61) **大小** 나이의 많고 적음. **相** 사람을 살피다, 관상을 보다.
62) **燈** 등불 등. **滅** 꺼질 멸. **臭** 냄새 취. **泥** 진흙 니(이).

rénshēng zàishì chī chuān èr zì

인생이란 먹고〈吃〉입는〈穿〉두 글자이다.[63]

📖 **人生一世 大夢一場**
　　　인 생 일 세　대 몽 일 장
　　rénshēng yīshì, dàmèng yīcháng

인생 한 살이란 한바탕의 큰 꿈!

➤ **人生在世誰無險** rénshēng zàishì, shuí wú xiǎn
　　　인 생 재 세 수 무 험

한 세상 사는데 누군들 험한 꼴 안 보는가?[64]

📖 **人生處處是青山** rénshēng chùchù shì qīngshān
　　　인 생 처 처 시 청 산

인생살이 곳곳에 청산이라!

➤ **人生好似一盤棋** rénshēng hǎo sì yīpán qí
　　　인 생 호 사 일 반 기

인생이란 한판의 바둑과 같다.[65]

---

63) **穿** 뚫을 천, 옷을 입다.
64) **夢** 꿈 몽. **誰** 누구 수.
65) **盤** 소반 반. **棋** 바둑 기.

📖 **人生七十三 八十四** rénshēng qīshí sān bāshí sì
인 생 칠 십 삼 팔 십 사

사람은 73세나 84세까지 산다.

➢ **千休萬休 不如死休**
천 휴 만 휴 불 여 사 휴
qiān xiū wàn xiū, bù rú sǐ xiū

천만 번 쉬고 쉬어도 죽어 아주 쉬는 것만 못하다.[66]

📖 **人越醜越愛戴花** rén yuè chǒu yuè ài dài huā
인 월 추 월 애 대 화

사람이 못생길수록 꽃을 꽂기를 좋아한다.

➢ **醜人還有俊影兒** chǒurén hái yǒu jùn yǐngr
추 인 환 유 준 영 아

못생긴 사람도 그림자는 준수하다.[67]

📖 **人有貴賤 年有老少**
인 유 귀 천 연 유 노 소
rén yǒu, guìjiàn, nián yǒu lǎoshào

---

66) **孔子**께서는 73세, **孟子**는 84세에 죽었다. **休** 쉴 휴.
67) **越~越** ~ 할수록 ~하다. **戴** 머리에 일 대. **影兒** 그림자.

사람에게는 귀천이 있고 나이에는 노소가 있다.

➤ **人有好歹 物有高低** rén yǒu hǎodǎi, wù yǒu gāodī
인 유 호 대 물 유 고 저

사람에게는 호인과 악인이 있고, 물건에 고급, 저급이
있다.[68]

📖 **人有三昏三迷** rén yǒu sān hūn sān mí
인 유 삼 혼 삼 미

인생에는 세 번쯤 바보 같을 수 있다. (어리석은 결정
을 내릴 때가 있다.)

➤ **人有七貧八富** rén yǒu qī pín bā fù
인 유 칠 빈 팔 부

인생에 가난할 수도 부자가 될 수도 있다.[69]

📖 **人在世上一臺戱** rén zài shìshàng yītáixì
인 재 세 상 일 대 희

사람이 세상에 산다는 것이 한 판의 놀음이다.

---

68) 歹 나쁠 대, 앙상한 뼈 알. 好의 반대.
69) 昏 어둘 혼. 迷 미혹할 미.

➤ **人生一世 無非是戲**
　　인 생 일 세　무 비 시 희
　　rénshēng yīshì, wú fēi shì xì

인생 한 평생이 연극 아닌 것이 없다.[70]

📖 **人的名兒 樹的影兒** rénde míngr, shùde yǐngr
　　인 적 명 아　수 적 영 아

사람에게 이름과 명예는 나무의 그림자와 같다.

➤ **鐘在寺院聲在外** zhōng zài sìyuàn shēng zài wài
　　종 재 사 원 성 재 외

종은 절에 있지만 소리는 밖에 들린다.[71]

📖 **人走時運 馬走臕** rén zǒu shíyùn, mǎ zǒu biāo
　　인 주 시 운　마 주 표

사람은 시운을 타야 잘 나가고, 말은 살이 쪄야 잘
달린다.

➤ **運來黃土變成金** yùn lái huángtǔ biànchéng jīn
　　운 래 황 토 변 성 금

---

70) **臺** 받침 대, 무대(舞臺). **戲** 놀이, 희롱할 희.
71) **的** ~의. **名兒** 이름. **影兒** 그림자.

운수가 트이니 황토가 황금이 된다.72)

📖 一朵鮮花插在牛糞上
　　일 타 선 화 삽 재 우 분 상
yīduǒ xiānhuā chā zài niúfèn shang

한 떨기 고운 꽃이 소똥 위에 꽂혔다. (예쁜 처녀가
나쁜 놈과 결혼하다.)

➢ 一朵玉蘭花往猪圈裏送
　　일 타 옥 란 화 왕 저 권 리 송
yī duǒ yùlánhuā wǎng zhūjuānli sòng

한 떨기 백목련 꽃이 돼지우리에 던져졌다.73)

📖 一回生 二回熟　yī huí shēng, èr huí shú
　　일 회 생　이 회 숙

처음에는 생소하지만 두 번 만나면 낯이 익다.

➢ 一朝生 二朝熟　yī zhāo shēng, èr zhāo shú
　　일 조 생　이 조 숙

첫날 생소한 사람도 다음날에는 친숙해진다.74)

----

72) 膘 비게 표, 살찌다. 運 나를 운, 재수 운.
73) 朵 송이 타, 떨기〈朵〉와 同字, 插 꽂을 삽.
74) 熟 익을 숙. 丘 언덕 구. 首丘 고향을 그리워하는 마음.

142

📖 **長江後浪催前浪** Chángjiāng hòulàng cuī qián làng
　장 강 후 랑 최 전 랑

양자강은 뒷물이 앞의 물을 밀어낸다.

➢ **世上新人換舊人** shìshang xīnrén huàn jiùrén
　세 상 신 인 환 구 인

세상은 새 사람이 옛 사람을 대신한다.[75]

📖 **張飛有勇 關羽有謀**
　장 비 유 용　관 우 유 모
ZhāngFēi yǒu yǒng, GuānYǔ yǒu móu

장비는 용기가 있고, 관우는 지모가 있다

➢ **張飛請客 大呼大喊** ZhāngFēi qǐngkè, dàhū dàhǎn
　장 비 청 객 대 호 대 함

장비는 손님을 청해 놓고도 큰 소리를 지르고 고함을
친다.[76]

📖 **將帥無才 累死三軍** jiàngshuài wúcái lèi sǐ sānjūn
　장 수 무 재　누 사 삼 군

---

75) **催** 재촉할 최. **換** 바꿀 환.
76) **喊** 소리를 지름.

장수가 무능하면 삼군이 지쳐 죽을 지경이 된다.

➤ **敗將不談當年勇**
패 장 부 담 당 년 용
bàijiāng bù tán dāng, dàng nián yǒng

패장은 그때 용감했다고 말할 수 없다.[77]

📖 **前人種田後人收** qiánrén zhòngtián hòurén shōu
전 인 종 전 후 인 수

앞사람이 지은 농사 뒷사람이 거둔다.

➤ **前人之勤 後人之樂**
전 인 지 근 후 인 지 락
qiánrén zhī qín, hòurén zhī lè

앞사람의 근면은 뒷사람의 기쁨.[78]

📖 **諸葛有智 阿斗有權**
제 갈 유 지 아 두 유 권
Zhūgé yǒu zhì, ādǒu yǒu quán

제갈량에게는 지혜가 있고 아두에게는 권력이 있다.

---

77) **帥** 거느릴 수. **累** 고될 루(누). **累死** 지쳐 죽을 지경.
78) **種** 심을 종.

➤ **諸葛一生唯謹愼** Zhūgé yīshēng wéi jǐnshèn
  제 갈 일 생 유 근 신

  제갈량의 일생은 오직 근신뿐이었다.[79]

📖 **天理自在人心** tiānlǐ zì zài rénxīn
  천 리 자 재 인 심

  천리는 모든 사람의 마음속에 있다.

➤ **人少畜生多** rén shǎo chùshēng duō
  인 소 축 생 다

  사람다운 사람은 적고 짐승 같은 사람은 많다.[80]

📖 **天不負苦心人** tiān bùfù kǔxīnrén
  천 불 부 고 심 인

  하늘은 열심히 노력하는 사람을 저버리지 않는다.

➤ **天不負善人願** tiān bùfù shànrén yuàn
  천 불 부 선 인 원

  하늘은 착한 사람의 소원을 저버리지 않는다.[81]

---

79) **唯** 오직 유.

80) **畜** 짐승 축.

81) **負** 질 부, 져버릴 부. **苦心人** 노력하는 사람.

天生的黃鱔成不了龍
천 생 적 황 선 성 불 료 용
tiānshēngde huángshàn chéng bù liǎo lóng

처음부터 뱀장어로 태어났다면 결코 용이 될 수 없다.

天生天養天保佑
천 생 천 양 천 보 우
tiānshēng tiān yǎng, tiān bǎoyòu

하늘이 낳고 하늘이 길러주고 하늘이 지켜주다.[82]

青山不老 綠水常存
청 산 불 로   녹 수 상 존
qīngshān bùlǎo, lǜshuǐ chángcún

청산은 늙지 않고, 푸른 물은 언제나 흐른다.

青山不老人要老 qīngshān bùlǎo rén yào lǎo
청 산 불 로 인 요 로

청산은 늙지 않는데 사람은 늙어간다.[83]

初生之犢不畏虎 chū shēng zhī dú bù wèihū
초 생 지 독 불 외 호

---

82) **鱔** 두렁허리 선, 뱀장어 비슷한 민물고기. **佑** 도울 우.
83) **綠** 푸를 녹(록).

갓 태어난 송아지는 하룻강아지 범 무서운 줄 모른다.

➤ **長出特角反怕狼** zhǎngchū jījiǎo fǎn pà láng
장 출 의 각 반 파 랑

길게 난 뿔을 갖고 오히려 이리를 두려워한다.[84]

📖 **七分人才 三分衣飾** qīfēn réncái, sānfēn yīshì
칠 분 인 재 삼 분 의 식

7할은 그 사람 재색才色이고, 3할은 옷차림새이다.

➤ **七分姿色 三分打扮** qīfēn zīsè, sānfēn dǎban
칠 분 자 색 삼 분 타 분

7할은 본 미모이고 3할은 화장이다.[85]

📖 **呆人有呆福** dāirén yǒu dāifú
태 인 유 태 복

바보 멍청이에게도 눈먼 복이 있다.

➤ **聰明一世 糊塗一時** cōngmíng yīshì hútú yīshí
총 명 일 세 호 도 일 시

---

84) **犢** 송아지 독. **特** 뿔 의.
85) **飾** 꾸밀 식. **姿** 모양 자. **扮** 꾸밀 분. **打扮** 분장을 하다.

평생 총명한 사람도 때로는 멍청이.[86]

📖 **敗運不單來** bàiyùn bù dān lái
패 운 부 단 래

나쁜 운수는 한 번만 오지 않는다.

➤ **運敗時衰鬼叫門**
운 패 시 쇠 귀 규 문
yùn bài shí shuāi guǐ jiào mén

운수가 사납고 시운도 쇠하니 잡귀가 문을 두드린
다.[87]

📖 **飽肚不知餓肚飢** bǎodù bùzhī èdùjī
포 두 부 지 아 두 기

배부른 창자가 어찌 주린 창자를 알겠는가?

➤ **馬上不知馬下苦** mǎ shàng bùzhī mǎ xià kǔ
마 상 부 지 마 하 고

말을 탄 사람은 마부의 고생을 알지 못한다.[88]

---

86) 呆 바보 태. 糊 풀죽 호. 塗 진흙 도. 糊塗 흐리멍덩하다.
87) 衰 약해질 쇠. 叫 부르짖을 규, 부르다.
88) 飽 물릴 포. 肚 배 두. 餓 굶주릴 아. 飢 주릴 기.

148

📖 **好女不穿嫁時衣** hǎonǚ bùchuān jiàshíyī
호 녀 불 천 가 시 의

잘난 딸은 시집을 때 입던 옷을 입지 않는다.

➤ **好兒不吃分家飯** hǎoér bù chī fēnjiāfàn
호 아 불 흘 분 가 반

능력 있는 아들은 분가한 뒤 부모에게 기대지 않는
다.[89]

📖 **好事不過三** hǎoshì bùguò sān
호 사 불 과 삼

좋은 일은 세 번이 없다.

➤ **好事不在忙** hǎoshì bù zài máng
호 사 부 재 망

서둘러 좋은 일 없다.[90]

📖 **好死不如賴活** hǎosǐ bùrú làihuó
호 사 불 여 뢰 활

호강 속에 죽는다 해도 빌어먹으며 사는 것만 못하다.

----

89) **穿** 뚫을 천, 옷 입을 천. **嫁** 시집갈 가.
90) **忙** 바쁠 망, 서두르다.

➤ 死皇帝不如活叫花 sǐ huángdì bù rú huó jiàohuā
　사 황 제 불 여 활 구 화

죽은 황제는 산 거지보다 못하다.[91]

📖 好人有好報 惡人有惡報
　호 인 유 호 보　악 인 유 악 보
　hǎorén yǒu hǎobào, èrén yǒu èbào

착한 사람에게 좋은 보답이 있고, 악인에게는 나쁜
응보가 있다.

➤ 善者福 惡者禍 shànzhě fú, èzhě huò
　선 자 복　악 자 화

착한 사람에게는 복이, 악한 사람에게는 화가 닥친
다.[92]

📖 好漢不使昧心錢 hǎohàn bùshǐ mèixīnqián
　호 한 불 사 매 심 전

대장부는 양심을 속여 얻은 돈을 쓰지 않는다.

➤ 好漢無錢到處難 hǎohàn wúqián dàochù nán
　호 한 무 전 도 처 난

---

91) 賴 의지할 뢰(뇌). 叫花 거지.
92) 報 갚을 보.

대장부라도 돈이 없으면 가는 곳마다 힘들다.[93]

📖 **好漢做事好漢當**
　　호 한 주 사 호 한 당
　　hǎohàn zuò shì, hǎohàn dāng

사내대장부는 자기가 한 일에 대한 책임을 진다.

➤ **好男不當兵 好鐵不打釘**
　　호 남 부 당 병　호 철 불 타 정
　　hǎonán bù dāngbīng, hǎotiě bù dǎdīng

좋은 사내는 병졸이 되지 않고 좋은 쇠는 못이 되지 않는다.[94]

📖 **好花易謝 滿月易虧**
　　호 화 이 사　만 월 이 휴
　　hǎo huā yì xiè, mǎnyuè yì kuī

예쁜 꽃은 일찍 지고 보름달은 쉽게 이지러진다.

➤ **向陽花木遭逢春**
　　향 양 화 목 조 봉 춘
　　xiàngyáng huāmù zāo féng chūn

---

93) **昧** 어두울 매, 어리석다. **昧心錢** 양심을 속여 번 돈.
94) **釘** 못 정.

양지쪽에 있는 꽃나무가 일찍 봄을 맞는다. 95)

📖 **花無百日紅** huā wú bǎirìhóng
화 무 백 일 홍

꽃은 백 일을 피지 못 한다

➤ **花謝花開各有時** huā xiè huā kāi gè yǒu shí
화 사 화 개 각 유 시

꽃은 지고 피는 때가 있다.96)

📖 **黃泉路上無老少** huángquán lùshǎng wú lǎo shǎo
황 천 노 상 무 노 소

황천 가는 길에 늙은이 젊은이 따로 없다.

➤ **黃泉路長 人生路短**
황 천 로 장   인 생 로 단
huángquán lù cháng, rénshēng lù duǎn

황천길은 길고 인생 노정은 짧다.97)

----

95) **遭** 만날 조.
96) **謝** 사례할 사, 꽃이 지다.
97) **黃泉** 저승 **九泉**, **泉路**, **泉世**.

152

吃得老學得老 chīde lǎo xuéde lǎo
흘 득 노 학 득 노

먹으면서 늙고 배우면서 늙는다.

人世間有千條路 rén shì jiān yǒu qiān tiáo lù
인 세 간 유 천 조 로

인간 세상에는 천 갈래의 길이 있다.[98]

吃三天飽 就忘挨餓 chī sāntiān bǎo jiù wàng áiè
흘 삼 천 포 취 망 애 아

3일간 배불리 먹으면 배고픈 시절을 잊어버린다.

天不打吃飯人 tiān bù dǎ chīfànrén
천 불 타 흘 반 인

하늘도 먹는 사람에게 벼락을 때리지는 않는다.[99]

吃誰飯服誰管 chī shuí fàn fú shuí guǎn
흘 수 반 복 수 관

남의 밥을 얻어먹으면 그 지배에 굴복하게 된다.

---

98) 條 가지 조, 갈래, 길.
99) 飽 배부를 포. 挨 맞댈 애. 餓 굶주릴 아.

➤ **吃人一碗 聽人使喚** chī rén yīwǎn, tīng rén shǐhuan
흘 인 일 완 청 인 사 환

남의 밥 한 그릇을 먹으면 그의 심부름을 하게 된
다.[100]

---

100) **碗** 그릇 완. **喚** 부를 환. **使喚** 남을 부리다.

제4부   언행, 지혜에 관한 속담

君子恥其言而過其行

논어(論語) 헌문(憲問)

📖 **開口不罵笑臉人** kāikǒu bùmà xiàoliǎnrén

　개 구 불 매 소 검 인

웃는 얼굴에 욕하지 못한다.

➤ **雷公不打笑臉人** Léigōng bùdǎ xiàoliǎnrén

　뇌 공 불 타 소 검 인

웃는 얼굴에는 벼락이 치지 않는다.[1]

📖 **擧手不打無娘子** jǔshǒu bùdǎ wúniángzǐ

　거 수 불 타 무 낭 자

손으로 어미 없는 아이를 때리지 말라.

➤ **開口不罵賠禮人** kāikǒu bùmà péilǐrén

　개 구 불 매 배 례 인

입으로는 사죄하러 온 사람 욕하지 말라.[2]

📖 **乾打雷不下雨** gān dǎléi bù xiàyǔ

　건 타 뢰 불 하 우

마른 천둥소리에 비는 내리지 않는다.

---

1) **罵** 욕할 매. **雷** 우레 뇌. **雷公** 번개를 주관하는 神.
2) **無娘子** 어미 없는 아이. **賠** 물어줄 배. **賠禮** 사죄하다.

> 嘴行千里 屁股在家裏
> 취 행 천 리 비 고 재 가 리
> zuǐ xíng qiānlǐ, pìgǔ zài jiā lǐ

말로는 천리를 갔다면서 궁둥이는 아직 집에 있다.³⁾

📖 經得多 見得廣 jīng de duō, jiàn de guǎng
　 경 득 다 견 득 광

경험이 많다면 본 것도 많다.

> 經風雨 見世面 jīng fēngyǔ, jiàn shìmiàn
> 경 풍 우 견 세 면

어려움을 겪어본 사람은 세상물정을 안다.⁴⁾

📖 鷄給黃鼠狼拜年 jī gěi huángshǔláng bàinián
　 계 급 황 서 랑 배 년

닭이 족제비에게 세배를 하다. (죽을 짓을 골라 하다.)

> 老鼠進口袋 — 自己找死
> 노 서 진 구 대　　　자 기 조 사
> lǎoshǔ jìn kǒudài — zìjǐ zhǎosǐ

---

3) 嘴 부리 취, 입. 屁 방귀 비. 股 넓적다리 고. 屁股 궁둥이.
4) 經 겪다. 風雨, 世波, 世面 세상 물정.

쥐가 자루 속에 들어가다. (스스로 죽을 짓을 하다.)[5]

📖 **攻其無備 出其不意**
공 기 무 비 출 기 불 의
gōng qí wú bèi, chū qí bù yì

대비가 없는 곳을 공격하고, 예상 못할 때 출병하다.

➤ **攻其一點 不計其餘** gōng qí yīdiǎn, bùjì qí yú
공 기 일 점 불 계 기 여

전략적인 한 곳을 공격하고, 나머지는 고려하지 않는다.[6]

📖 **攻心爲上** gōng xīn wéi shàng
공 심 위 상

상대의 마음을 공격하는 것이 제일이다.

➤ **網開一面 路留一條** wǎng kāi yīmiàn, lù liú yītiáo
망 개 일 면 노 류 일 조

그물의 한 쪽을 열어, 길 하나는 틔워 놓아야 한다.[7]

---

5) **黃鼠狼** 족제비. **拜年** 세배. **老鼠** 쥐 서. **袋** 자루 대. **找** 찾을 조.

6) **餘** 나머지 여, 남을 여.

📖 **關了門打瞎子** guānle mén dǎ xiāzi
관 료 문 타 할 자

문을 잠그고 장님을 때려주다. (엉뚱한 사람에게 화풀이하다.)

➤ **關住門子罵皇上** guān zhù ménzi mà huángshang
관 주 문 자 매 황 상

문을 걸어 잠그고 황제를 욕하다.[8]

📖 **狗咬狗 兩嘴毛** gǒu yǎo gǒu, liǎng zuǐ máo
구 교 구   양 취 모

개가 개를 물면 양쪽 주둥이가 털이다. 둘 다 똑 같다.

➤ **狗咬一口 入骨三分** gǒu yǎo yīkǒu, rù gǔ sānfēn
구 교 일 구   입 골 삼 분

개한테 한 번 물리면 뼈까지 다친다. (나쁜 놈한테 당하면 피해가 크다.)[9]

📖 **狗知主人意** gǒu zhī zhǔrén yì
구 지 주 인 의

---

7) 網 그물 망, 條 가지 조, 한 줄.
8) 關 빗장 관, 잠그다.
9) 咬 물을 교, 깨물다. 嘴 부리 취, 주둥이.

개는 주인의 뜻을 안다.

➤ **狗仗人勢** gǒu zhàng rén shì
  구 장 인 세

  개는 주인을 믿고 짖는다.[10]

📖 **君子報仇 十年不晚** jūnzǐ bàochóu shínián bùwǎn
  군 자 보 구 십 년 불 만

  군자가 원수를 갚는데 10년이라도 늦지 않다.

➤ **小人報仇眼前** xiǎorén bàochóu yǎnqián
  소 인 보 구 안 전

  소인은 원수를 갚아도 즉시 행동한다.[11]

📖 **金鉤鰕米釣鯉魚** jīngōu xiāmǐ diào lǐyú
  금 구 하 미 조 리 어

  말린 새우로 잉어를 낚다

➤ **捨不得釣餌 釣不到大魚**
  사 부 득 조 이   조 부 도 대 어
  shěbude diào ěr, diàobudào dàyú

---

10) **仗** 무기 장, 병기, 의지하다.
11) **報** 갚을 보, 알릴 보. **仇** 원수 구.

낚싯밥을 아까워해서는 대어를 못 잡는다.[12]

📖 **急則有失 怒中無智** jí zé yǒushī, nùzhōng wúzhì
급 즉 유 실 노 중 무 지

급히 서두르면 실수하고 화를 낼 때면 지혜가 없다.

➤ **危難之中見人心** wēinàn zhī zhōng, jiàn rénxīn
위 난 지 중 견 인 심

위급한 상황에서 사람의 지혜와 정을 볼 수 있다.[13]

📖 **急火燒不成飯** jí huǒshāo bùchéng fàn
급 화 소 불 성 반

급한 불에 밥이 설익는다.

➤ **欲速則不達** yù sù zé bù dá
욕 속 즉 부 달

빨리 하고자 서두르면 이룰 수 없다.[14]

---

12) **鈎** 갈고리 구. **鰕** 새우 하. **金鈎鰕米** 말린 새우 살. **釣** 낚을 조.
　　鯉 잉어 리. **捨** 버릴 사. **捨不得** 버리지 못하다. 아까워하다.
13) **急** 급할 급. **則** 곧 즉.
14) **燒** 태울 소, 익히다.

📖 **冷鍋裏突出熱栗子** lěngguōlǐ tūchū rèlìzi
냉 과 리 돌 출 열 율 자

찬 솥에서 뜨거운 밤이 튀어나오다. (사태가 돌변하다.)

➤ **冷鍋裏冒熱氣** lěngguōli mào rèqì
냉 과 리 모 열 기

찬 솥에서 뜨거운 김이 솟구치다. (밑도 끝도 없는 말을 하다.)15)

📖 **老虎不走回頭路** lǎohū bùzǒu huítóulù
노 호 불 주 회 두 로

호랑이는 되돌아올 길을 가지 않는다.

➤ **好漢說話要算數** hǎohàn shuōhuà yào suànshù
호 한 설 화 요 산 수

사내대장부는 자기가 한 말에 책임을 져야 한다.16)

📖 **老虎屁股上搔痒痒** lǎohǔ pìgǔshang sāoyǎn gyǎng
노 호 비 고 상 소 양 양

---

15) 鍋 솥 과. 裏 안 리. 突 갑자기 돌. 栗子 밤. (菓子의 子와 같음).
16) 說話 말을 하다. 算數 셈을 하다, 책임을 지다.

호랑이 궁둥이 상처 긁어주기.

➤ **老虎嘴上拔毛 ― 找死**
노 호 취 상 발 모   조 사
lǎohǔ zuǐshang bámáo ― zhǎosǐ

호랑이 주둥이의 털 뽑기 ― 죽고 싶어 환장했다.[17]

📖 **多講話 多是非** duō jiǎnghuà duō shìfēi
다 강 화   다 시 비

말이 많으면 시비도 많다.

➤ **人多處 是非多** rén duō chù, shìfēi duō
인 다 처   시 비 다

사람이 많은 곳에 시비도 많다.[18]

📖 **當面是人 背後是鬼**
당 면 시 인   배 후 시 귀
dāngmiàn shìrén, bèihòu shìguǐ

얼굴을 보면 사람이지만 뒤를 보면 귀신이다.

---

17) 屁 방귀 비. 股 넓적다리 고. 屁股 엉덩이. 搔 긁을 소.
   痒 가려울 양.
18) 留 머물 류.

➢ **當面說人話 背後幹鬼事**
　당 면 설 인 화　버 후 간 귀 사
dāngmiàn shuō rénhuà, bèihòu gàn guǐshì

보는 데서는 사람처럼 말을 하지만 뒤에서는 귀신 짓 거리를 한다.[19]

📖 **當人一面 背人一面**
　당 인 일 면　배 인 일 면
dāngrén yīmiàn, bèirén yīmiàn

마주할 때 얼굴과 등질 때의 얼굴. (표리부동.)

➢ **若要好 大做小** ruò yàohǎo, dà zuò xiǎo
　약 요 호　대 주 소

남과 잘 지내고 싶다면 큰 것을 작게 만들어야 한다. (겸손한 마음.)[20]

📖 **大人不計小事** dàrén bù jì xiǎoshì
　대 인 불 계 소 사

대인은 작은 일을 문제 삼지 않는다.

➢ **大人不生小人氣** dàrén bùshēng xiǎorén qì
　대 인 불 생 소 인 기

---

19) **幹** 줄기 간, 일을 하다.
20) **當** 마주 대하다. **背** 등질 배. **若** 같을 약, 만약 ~이라면.

대인은 소인 같은 화를 내지 않는다.[21]

📖 **大丈夫來去分明** dàzhàngfū láiqù fēnmíng
　　대 장 부 래 거 분 명

대장부는 거취를 분명히 한다.

➤ **大丈夫各行其志** dàzhàngfū gè xíng qí zhì
　　대 장 부 각 행 기 지

대장부는 각자 자기 뜻을 실행한다.[22]

📖 **東倒吃猪頭 西倒吃羊頭**
　　동 도 흘 저 두　서 도 흘 양 두
　　dōng dǎo chī zhūtóu, xī dǎo chī yángtóu

동쪽으로 넘어져 돼지고기를, 서쪽으로 넘어지면 양
고기를 먹는다. (어느 쪽도 다 좋다.)

➤ **東天不養西天養** dōngtiān bù yǎng xītiān yǎng
　　동 천 불 양 서 천 양

동쪽 하늘이 키우지 못하면 서쪽하늘이 키워준다.[23]

---

21) 氣 기질, 성을 내다.
22) 其 그의 그러한 것.
23) 倒 넘어질 도, 거꾸로 설 도.

📖 **東一句 西一句** dōng yī jù, xī yī jù
동 일 구　서 일 구

동쪽에 한마디, 서쪽에 한마디. (두서없는 말.)

➤ **東一榔頭 西一棒子** dōng yī láng tou, xī yī bàngzi
동 일 랑 두　서 일 봉 자

이쪽에서 망치, 저쪽에서 몽둥이. (이랬다저랬다 하다.)[24]

📖 **井底蛙 眼光短** jǐngdǐwā, yǎnguāng duǎn
정 저 와　안 광 단

우물 안 개구리는 안목이 짧다.

➤ **夏虫不可以語氷** xiàchóng bù kěyǐ yǔ bīng
하 충 불 가 이 어 빙

여름 날벌레는 얼음에 대하여 말할 수 없다.[25]

📖 **白是白 黑是黑** ái shì bái, hēi shì hēi
백 시 백　흑 시 흑

백은 백이고 흑은 흑이다.

---

24) 榔 빈랑나무 낭. 榔頭 큰 나무 망치. 棒 몽둥이 봉.
25) 蛙 개구리 와.

> **一語爲重 萬金輕** yīyǔ wéi zhòng wànjīn qīng
일 어 위 중   만 금 경

한마디 말이 무겁지 만금이야 가볍다.[26]

📖 **潑水難收** pō shuǐ nán shōu
발 수 난 수

엎지른 물은 담을 수 없다.

> **潑出的水 說出的話** pōchūde shuǐ, shuōchūde huà
발 출 적 수 설 출 적 화

엎질러진 물. (뱉어버린 말.)[27]

📖 **背死人過河** bèi sǐrén guò hé
배 사 인 과 하

죽은 사람을 업고 물을 건너다. (힘만 들고 소득이 없
다.)

> **背着石頭上山** bèizhe shítou shàng shān
배 착 석 두 상 산

돌을 지고 산에 오르다.[28]

---

26) **尊** 높을 존. **疾** 병 질, 괴로움.
27) **潑** 뿌릴 발.

📖 **背後插絆子** bèihòu chā bànzi
배 후 삽 반 자

뒤에서 올가미를 씌우다.

➤ **背後指脖梗子** bèihòu zhǐ bógěngzi
배 후 지 발 경 자

뒤에서 목덜미를 손가락질하다. (뒷말을 하다.)29)

📖 **白日不做虧心事** báirì bùzuò kuīxīn shì
백 일 부 주 휴 심 사

낮에 양심에 어긋난 짓을 하지 않으면,

➤ **夜裏不怕鬼敲門** yèlǐ bùpà guǐ qiāomén
야 리 불 파 귀 고 문

밤에 귀신이 문을 두드려도 두렵지 않다.30)

📖 **兵貴精不貴多** bīng guì jīng, bù guì duō
병 귀 정 불 귀 다

정병을 귀히 여기지, 병력이 많다고 좋은 것은 아니다.

---

28) **背** 등 배, 등에 업다.

29) **絆** 명에 반. **脖** 목줄기 발. **梗** 곧을 경. **脖梗子** 목덜미.

30) **做** 지을 주. **虧** 일그러질 휴. **敲** 두드릴 고.

➢ **用兵貴神速** yòngbīng guì xùn sù
용 병 귀 신 속

용병에선 신속성을 중히 여긴다.[31]

📖 **兵無常勢** bīng wú cháng shì
병 무 상 세

병법에 일정한 상황은 없다.

➢ **用兵不如用計** yòngbīng bùrú yòngjì
용 병 불 여 용 계

용병전투는 계책을 쓰는 것만 못하다. [32]

📖 **兵不厭詐** bīng bù yàn zhà
병 불 염 사

병법에서는 속임수를 꺼리지 않는다.

➢ **避其銳氣 擊其惰歸** bí qí ruì qì jī qí duò guī
피 기 예 기 격 기 타 귀

적의 예기를 피하고, 적이 지치거나 후퇴할 때 공격한다.[33]

---

31) **速** 빠를 속.
32) **不如** ~ 만 못하다.

📖 **腹中有劍 笑裏藏刀**

복 중 유 검　 소 리 장 도

fùzhōng yǒujiàn, xiàolǐ cángdāo

뱃속에 칼이 있고, 웃음 속에는 칼을 숨겼다.

➢ **笑面老虎殺人心** xiàomiàn lǎohū shā rénxīn

소 면 노 호 살 인 심

웃는 호랑이가 사람을 죽인다. (관리의 횡포.)34)

📖 **逢人只說三分話** féngrén zhǐ shuō sānfēn huà

봉 인 지 설 삼 분 화

사람을 만나면 마음의 3분의 1정도만 말하라.

➢ **要知心腹事 須聽背後言**

요 지 심 복 사　 수 청 배 후 언

yào zhī xīn fùshì, xūtīng bèihòu yán

상대방 마음속을 알려면 숨은 뜻을 새겨야 한다.35)

📖 **不經一事 不長一智** bù jīng yīshì, bù cháng yīzhì

불 경 일 사　 부 장 일 지

---

33) 避 피할 피. 銳 날카로울 예. 惰 게으를 타.

34) 劍 양날의 칼. 刀 한쪽 날 칼. 藏 감출 장.

35) 只 다만 지. 須 모름지기 수.

한 가지 일을 겪지 않으면, 하나의 지혜가 늘지 않는다.

➤ **風急雨至 人急智生** fēng jí yǔ zhì, rén jí zhì shēng
풍 급 우 지 인 급 지 생

바람이 급하면 비가 오듯, 사람도 다급하면 꾀가 나온다.36)

📖 **不管三七二十一** bù guǎn sān qī èr shí yī
불 관 삼 칠 이 십 일

자초지종을 상관하지 않다.

➤ **不問靑紅黑白** bùwèn qīnghóng hēibái
불 문 청 홍 흑 백

푸르거나 붉거나 검거나 흰 거를 묻지 않다. (불문곡직不問曲直.)37)

📖 **不管天 不管地** bù guǎn tiān, bù guǎn dì
불 관 천   불 관 지

하늘도 땅도 상관하지 않는다. (아무 거리낌 없다.)

---

36) **經** 날 경, 위 아래로 내린 실, 경험하다.
37) **三七二十一** 자초지종, 이런 저런 사정.

➤ **不知天高地厚** bù zhī tiān gāo dì hòu
부 지 천 고 지 후

하늘 높고 땅 넓은 줄도 모른다.[38]

📖 **不管閑事終無事** bù guǎn xiánshì zhōng wúshì
불 관 한 사 종 무 사

쓸데없는 일에 참견하지 않는다면 끝내 아무 일도 없다.

➤ **管閑事 落不是** guǎn xiánshì, luò bùshi
관 한 사　 낙 불 시

쓸데없는 일에 참견하면, 되는 일이 없다.[39]

📖 **不苟言笑** bù gǒu yán xiào
불 구 언 소

함부로 지껄이거나 웃지 않다.

➤ **不思而言 無病而亡** bù sī ér yán, wúbìng ér wáng
불 사 이 언　 무 병 이 망

생각 없이 말한다면 병도 없이 죽는다.[40]

---

38) 管 상관하다.
39) 閑事 무관한 일.

📖 **不干己事休開口** bù gān jǐshì xiū kāikǒu
불 간 기 사 휴 개 구

자기 일과 상관이 없으면 입을 열지 말라

➢ **不是知音話不投** bùshì zhīyīn huà bù tóu
불 시 지 음 화 불 투

절친한 친우가 아니면 말로 영합하지 말라.[41]

📖 **不費心血花不開** bù fèi xīnxiě huā bù kāi
불 비 심 혈 화 불 개

심혈을 기울이지 않으면 꽃은 피지 않는다.

➢ **不下苦功甛不來** bù xià kǔgōng tián bù lái
불 하 고 공 첨 불 래

힘들여 고생하지 않으면 달콤한 열매는 없다.[42]

📖 **不以言取人 不以言廢人**
불 이 언 취 인   불 이 언 폐 인
bù yǐ yán qǔ rén, bù yǐ yán fèi rén

---

40) **苟** 진실로 구, 구차하게.
41) **干** 방패 간, 관련되다, 범하다. **知音** 절친한 친우.
42) **費** 비용 비, 쓸 비. **甛** 달 첨.

말하는 것만 보고 사람을 쓰거나 버리지 말라.

> ## 取人之長 補我之短
> 취 인 지 장　보 아 지 단
> qǔ rén zhī cháng bǔ wǒ zhī duǎn

다른 사람의 장점을 배워 나의 단점을 보완하다.[43]

📖 ## 飛蛾赴火 非死不止 fēi é fù huǒ fēi sǐ bù zhǐ
비 아 부 화　비 사 부 지

불에 날아드는 나방은 죽을 때까지 멈추지 않는다.

> ## 飛蛾投火 ― 自取滅亡
> 비 아 투 화　　자 취 멸 망
> fēié tóu huǒ ― zì qǔ mièwáng

불나방이 불에 뛰어들다. ― 제 스스로 죽은 것이다.[44]

📖 ## 捨不得 了不得 shěbude liǎobùde
사 부 득　요 부 득

버리지 않으면 끝장이다.

---

43) 廢 버릴 폐, 없애다.
44) 飛 날 비. 蛾 나방 아. 赴 나아갈 부.

> **丟卒保車** diū zú bǎo chē
  주 졸 보 차

  장기에서 졸卒을 죽여 차車를 지키다.[45]

📖 **事不三思 終有後悔** shì bù sānsī zhōng yǒu hòuhuǐ
  사 불 삼 사 종 유 후 회

  어떤 일에 세 번 생각하지 않으면 나중에 후회한다.

> **人生不如意事常八九**
  인 생 불 여 의 사 상 팔 구
  rénshēng bù rúyì shì cháng bā jiǔ

  내 마음대로 안 되는 일이 십중팔구다.[46]

📖 **三十六計 走爲上計** sānshíliùjì zǒu wéi shàngjì
  삼 십 육 계 주 위 상 계

  36번째 계책으로는 달아나는 것이 가장 좋다.

> **三十六計 忍爲上計** sānshíliùjì rěn wéi shàngjì
  삼 십 육 계 인 위 상 계

  삼십육계 중 인내가 최상의 계책이다.[47]

---

45) **捨** 버릴 사. **不得** 끝이다, 심하다. **丟** 잃을 주, 버리다.
46) **悔** 뉘우칠 회.

📖 **舌爲禍福之門** shé wéi huòfú zhī mén
　　설　위　화　복　지　문

혀는 화와 복이 들어오는 문이다.

➤ **舌是斬身刀** shé shì zhǎnshēn dāo
　　설　시　참　신　도

혀는 몸을 자르는 칼이다.[48]

📖 **說一千 道一萬** shuō yīqiān dào yī wàn
　　설　일　천　도　일　만

이 말 저 말, 할 말 다하다.

➤ **說一是一 說二是二**
　　설　일　시　일　　설　이　시　이
　　shuō yī shì yī shuō èr shì èr

첫째는 이것이고, 둘째는 이것이다. 정확하게 말하
다.[49]

📖 **小不忍則亂大謀** xiǎo bù rěn zé luàn dàimóu
　　소　불　인　칙　난　대　모

---

47) **計** 꾀 계.
48) **舌** 혀 설. **禍** 재앙 화. **斬** 벨 참.
49) **道** 여기서는 '말하다.'

작은 일을 참지 못하면 큰 일을 그르친다.

➤ **人能百忍自無憂** rén néng bǎi rěn zì wú yōu
인 능 백 인 자 무 우

사람이 백 번 참을 수 있다면 아무 걱정이 없다.[50]

📖 **小心沒大錯** xiǎoxīn méi dà cuò
소 심 몰 대 착

조심하면 큰 실수가 없다.

➤ **小心天下無難事** xiǎoxīn tiānxià wú nánshì
소 심 천 하 무 난 사

조심하면 천하에 어려운 일이 없다[51]

📖 **小孩兒口沒遮攔** xiǎoháir kǒu méi zhēlán
소 해 아 구 몰 차 란

어린아이 입은 막을 수 없다.

➤ **小孩子記得千年事** xiǎoháizi jìde qiānniánshì
소 해 자 기 득 천 년 사

---

50) 憂 근심 우.

51) 錯 틀리다, 섞이다, 잘못.

어린아이는 천년의 일을 기억한다.[52]

📖 **新鞋不踩臭狗屎** xīnxié bùcǎi chòu gǒushī
신 혜 불 채 취 구 시

새 신발로는 냄새나는 개똥을 밟지 않는다.

➤ **往臉上抹狗屎** wǎng liǎnshang mǒ gǒushī
왕 검 상 말 구 시

제 얼굴에 개똥을 칠하다.[53]

📖 **心肝被狗吃了** xīngān bèi gǒu chīle
심 간 피 구 흘 료

양심이 개에게 먹혀버렸다. 양심을 잃어버렸다.

➤ **心惡無人見 口惡衆人聽**
심 악 무 인 견   구 악 중 인 청
xīn è wú rén jiàn, kǒu è zhòngrén tīng

마음이 나빠도 보는 사람이 없지만, 입이 험악하면
여러 사람이 듣는다.[54]

---

52) **孩** 아이 해. **遮** 막을 차. **攔** 막을 난(란).
53) **鞋** 신발 혜. **踩** 밟을 채. **屎** 똥 시. **抹** 바를 말, 칠하다.
54) **肝** 간 간.

心去意留難 xīn qù yì liú nán
심 거 의 류 난

마음이 떠났으면 만류할 수 없다.

一心不可二用 yī xīn bù kě èr yòng
일 심 불 가 이 용

마음을 두 곳에 쓸 수 없다.[55]

心比天高 命比紙薄
심 비 천 고   명 비 지 박
xīn bǐ tiān gāo, mìng bǐ zhǐ báo

마음은 하늘만큼 높으나, 복은 종이보다 얇다.

心好是太平 xīn hǎo shì tàipíng
심 호 시 태 평

마음이 좋은 것이 곧 태평이다.[56]

心毒鍋也漏 xīn dú guō yě lòu
심 독 과 야 루

마음이 독하면 솥이라도 구멍이 난다.

---

55) **留** 머물 류.
56) **薄** 얇을 박.

➤ **毒蛇口中吐蓮花** dúshé kǒuzhōng tǔ liánhuā
독 사 구 중 토 연 화

독사가 입에서 연꽃을 토하다. (악인의 위선적 행동.)[57]

📖 **挖好肉 補爛瘡** wā hǎoròu, bǔ lànchuāng
알 호 육 보 난 창

멀쩡한 살을 파내 썩은 종기로 메우다. (뒷일을 생각
못하다.)

➤ **挖自己的肉, 補別人的瘡**
알 자 기 적 육 보 별 인 적 창
wā zìjǐde ròu, bǔ biéránde chuāng

자기의 살을 도려내 남의 종기를 메워주다.[58]

📖 **哀兵必勝** āi bīng bì shèng
애 병 필 승

서러움으로 뭉친 군대는 틀림없이 승리한다.

➤ **兵驕者敗 欺敵者亡**
병 교 자 패 기 적 자 망
bīng jiāo zhě bài, qī dí zhě wáng

---

57) 鍋 솥 과.
58) 挖 파낼 알. 爛 문드러질 난(란). 瘡 부스럼 창.

교만한 군대는 패하고, 적을 깔보는 자는 망한다.59)

📖 **良言一句三冬暖** liángyán yījù, sāndōng nuǎn
양 언 일 구 삼 동 난

좋은 말 한마디는 삼동 추위도 따뜻하게 하지만,

➤ **惡語傷人六月寒** èyǔ shāngrén liùyuè hán
악 어 상 인 육 월 한

나쁜 말은 남에게 상처를 주어 6월에도 떨게 만든
다.60)

📖 **語多討人嫌** yǔ duō tǎo rén xián
어 다 토 인 혐

말이 많으면 다른 사람이 싫어한다.

➤ **人嫌 狗不待見** rén xián, gǒu bùdàijiàn
인 혐 구 부 대 견

사람도 싫어하고 개도 보려고 하지 않다.61)

---

59) **驕** 교만할 교. **欺** 기만할 기, 깔보다, 업신여기다.
60) **暖** 따뜻할 난. **傷** 다칠 상. **寒** 찰 한.
61) **討** 공격할 토, 초래하다, 야기하다. **嫌** 싫어할 혐.

📖 **魚逢水 鳥逢林** yú féng shuǐ, niǎo féng lín
어 봉 수   조 봉 림

고기가 물을 만나고 새가 수풀에 들어가다. (활로가
트이다.)

➢ **魚歸湖 龍歸海** yú guī hú, lóng guī hǎi
어 귀 호   용 귀 해

고기가 호수에 들고 용이 바다로 돌아가다.[62]

📖 **魚知千里水** yú zhī qiānlǐ shuǐ
어 지 천 리 수

물고기는 천리 물길을 안다.

➢ **魚有魚路 蝦有蝦路**
어 유 어 로   하 유 하 로
yú yǒu yú lù, xiā yǒu xiā lù

물고기가 다니는 길이 있고 새우가 다니는 길이 있
다.[63]

📖 **言是心之表** yán shì xīn zhī biǎo
언 시 심 지 표

---

62) **逢** 만날 봉. **歸** 돌아갈 귀.
63) **蝦** 새우 하.

182

말은 마음의 표현이다.

➢ **言多有失** yán duō yǒu shī
언 다 유 실

말이 많으면 실언을 하게 된다.[64]

📖 **言必信 行必果** yán bì xìn, xíng bì guǒ
언 필 신　행 필 과

말은 믿을 수 있고 행동은 분명해야 한다. 『논어論語
선진先進 편』.

➢ **言不順則事不成** yán bùshùn zé shì bùchéng
언 불 순 즉 사 불 성

말이 되지 않는다면 성취할 수 없다.[65]

📖 **寧走十步遠 不走一步險**
영 주 십 보 원　부 주 일 보 험
níng zǒu shíbù yuǎn, bù zǒu yībù xiǎn

차라리 열 걸음 더 걸을지언정, 위험한 길은 한 걸음도
가지 않는다.

---

64) **是** 옳을 시, ~ 이다.
65) **果** 열매 과, 단호하다, 결단성 있다.

➢ **錯失一步 遺恨百年** cuò shī yī bù, yí hèn bǎinián
　　착 실 일 보　유 한 백 년

한 발 실수가 백 년의 한이 된다.[66]

📖 **玩笑歸玩笑** wánxiào guī wánxiào
　　완 소 귀 완 소

농담은 농담이다.

➢ **鬼話三千** guǐhuà sānqiān
　　귀 화 삼 천

거짓말만 하다.[67]

📖 **有眼不識泰山** yǒu yǎn bù shí Tàishān
　　유 안 불 식 태 산

눈이 있어도 태산을 알아보지 못하다.

➢ **見佛不拜 見鬼叩頭** jiànfó bùbài, jiànguǐ kòutóu
　　견 불 불 배　견 귀 고 두

부처한테는 절하지 않고 도깨비에게는 머리를 숙인
다. (선인과 악인을 구분 못한다.)[68]

----

66) **寧** 차라리 ~하다.
67) **玩** 희롱할 완. **歸** 돌아갈 귀.

📖 **有話爛在肚裏** yǒu huà lànzài dùli
유 화 난 재 두 리

할 말이 있어도 뱃속에서 썩히다.

➤ **耳不聽 心不煩** ěr bùtīng xīn bùfán
이 불 청 심 불 번

귀로 듣지 않는다면 마음에 번민도 없다.[69]

📖 **有話卽長 無話卽短**
유 화 즉 장 무 화 즉 단
yǒuhuà jí cháng, wúhuà jí duǎn

말을 하면 길어지고 그만두자면 간단하다.

➤ **有話不隔肚皮說** yǒu huà bù gé dùpí shuō
유 화 불 격 두 피 설

할 말을 뱃속에 두지 않고 말하다.[70]

📖 **耳聞不如眼見** ěrwén bù rú yǎnjiàn
이 문 불 여 안 견

---

68) **叩** 두드릴 고. **叩頭** 머리를 조아려 절하다.

69) **煩** 괴로울 번.

70) **隔** 사이 뜰 격.

귀로 듣는 것은 눈으로 보는 것만 못하다.

➤ **耳聽爲虛 眼見爲實**
이 청 위 허 안 견 위 실
ěr tīng wéi xū, yǎn jiàn wéi shí

소문은 헛것이지만 눈으로 보면 사실이다.[71]

📖 **忍得一時忿 終身無腦悶**
인 득 일 시 분 종 신 무 뇌 민
rěn dé yīshí fèn, zhōngshēn wú nǎomēn

한 때의 분노를 참으면 평생 걱정거리가 없다.

➤ **忍一時之忿 免百日之災**
인 일 시 지 분 면 백 일 지 재
rěn yīshí zhī fèn, miǎn bǎirì zhī zāi

한 순간의 분노를 참으면 백일 재앙에서 벗어난다.[72]

📖 **人不知己過 牛不知己力**
인 부 지 기 과 우 부 지 기 력
rén bùzhī jǐ guò, niú bùzhī jǐ lì

사람은 자신의 허물을 모르고, 소는 자신의 힘을 모른다.

---

71) 虛 빌 허.
72) 腦 머리 뇌. 悶 걱정할 민. 災 재앙 재(災)와 같음.

186

➤ **人不知自醜 馬不知臉長**
인 부 지 자 추　마 부 지 검 장
rén bùzhī zì chǒu, mǎ bù zhī liǎn cháng

사람은 자신의 추한 꼴을 모르고, 말은 제 얼굴 긴
것을 모른다.[73]

📖 **人不人 鬼不鬼** rén bù rén guǐ bù guǐ
인 불 인　귀 불 귀

사람이지만 사람이 아니고, 귀신같지만 귀신도 아니
다. (되먹지 못한 놈.)

➤ **說人話 屙狗屎** shuō rénhuà, ē gǒushǐ
설 인 화　아 구 시

사람의 말은 하지만 개똥을 싼다.[74]

📖 **一句話 百樣說** yījù huà, bǎiyàng shuō
일 구 화　백 양 설

말 한마디를 백 가지로 말할 수 있다.

➤ **一句諺語千層意** yījù yànyǔ qiān céng yì
일 구 언 어 천 층 의

---

73) **過** 허물 과, 지나칠 과. **醜** 못 생길 추. **臉** 뺨 검.
74) **屙** 뒷간에 갈 아, 대소변을 보다. **屎** 똥 시.

속담 한 마디에는 천 가지의 뜻이 있다.[75]

📖 一問搖頭三不知 yīwèn yáo tóu sānbù zhī
일 문 요 두 삼 부 지

한 번 물음에 고개를 흔들며 세 번 모른다고 하다.
(시치미를 떼다.)

➤ 一步三個謊 yī bù sān gè huǎng
일 보 삼 개 황

한 발짝에 거짓말을 세 번이나 한다.[76]

📖 一言出口 快馬難追
일 언 출 구　쾌 마 난 추
yī yán chūkǒu, kuàimǎ nán zhuī

한 번 뱉어진 말은 아무리 빠른 말도 쫓아갈 수 없다.

➤ 一言值萬金 yī yán zhí wàn jīn
일 언 치 만 금

말 한마디는 만금의 가치가 있다.[77]

---

75) 諺 상말 언, 속담.
76) 搖 흔들 요. 謊 거짓말 황.
77) 追 쫓을 추. 值 값 치.

📖 **一而再 再而三** yī ér zài, zài ér sān
일 이 재 재 이 삼

한 번에 이어 두 번, 두 번 다음에 세 번. (여러 번 강조하다.)

➤ **一五一十** yī wǔ yī shí
일 오 일 십

처음부터 끝까지.[78]

📖 **一片嘴兩片舌** yī piàn zuǐ liǎng piàn shé
일 편 취 양 편 설

한 입 속에 두 개의 혀.

➤ **兩面二舌** liǎng miàn èr shé
양 면 이 설

이쪽저쪽에서 다른 말을 하다.[79]

📖 **入山問樵 入水問漁**
입 산 문 초   입 수 문 어
rùshān wèn qiáo, rùshuǐ wèn yú

산에서는 나무꾼에게, 물에서는 어부한테 물어라.

---

78) 而 말 이을 이, 어조사 이.
79) 嘴 부리 취, 입, 주둥이. 舌 혀 설.

➢ **入山先探路 出海先探風**
입 산 선 탐 로 출 해 선 탐 풍
rùshān xiān tànlù, chūhǎi xiān tànfēng

산에서는 먼저 길을 알아두고 바다에서는 먼저 바람을 살펴야 한다.[80]

📖 **自己俏 旁人笑** zìjǐ qiào, pángrén xiào
자 기 초 방 인 소

제가 잘났다고 하면 옆의 사람들이 웃는다.

➢ **自己的夢自己圓** zìjǐ de mèng zìjǐ yuán
자 기 적 몽 자 기 원

제 꿈을 제가 해몽하다.[81]

📖 **自作孽 不可活** zì zuòniè bùkě huó
자 작 얼 불 가 활

자신이 지은 죄가 있어 살 수 없다.

➢ **自己挖坑自己跳** zì jǐ wā kēng zì jǐ tiào
자 기 알 갱 자 기 도

제 무덤을 파고 뛰어 들어가다.[82]

---

80) 樵 땔나무 초, 나무꾼 초. 漁 고기 잡을 어. 探 찾을 탐.

81) 俏 닮을 초, 잘 났다. 旁 옆 방. 圓夢 해몽하다, 상몽(詳夢).

自行作事自身當 zìxíng zuòshì zìshēn dāng
자 행 작 사 자 신 당

자신이 벌린 일 자신이 감당하다.

自家有病自家知 zìjiā yǒu bìng zìjiā zhī
자 가 유 병 자 가 지

자신의 병은 자신이 안다.[83)]

墻裏講話牆外聽 qiáng lǐ jiǎnghuà qiáng wài tīng
장 리 강 화 장 외 청

담 안에서 하는 이야기 담 밖에서 듣는다.

墻有縫 壁有耳 qiáng yǒu féng, bì yǒu ěr
장 유 봉   벽 유 이

담에도 틈이 있고 벽에도 귀가 있다.[84)]

這耳聽 那耳出 zhè ěr tīng, nà ěr chū
저 이 청   나 이 출

이쪽 귀로 듣고 저쪽 귀로 나가다.

---

82) **孽** 죄악 얼, 서자 얼. **挖** 팔 알. **坑** 구덩이 갱.
83) **當** 마땅할 당, 당연히 ~ 해야 한다.
84) **墻** 담 장. **講話** 이야기하다. **縫** 꿰맬 봉, 벌어진 틈.

➢ **左耳進來 右耳出去** zuǒěr jìn lái, yòuěr chū qù
좌 이 진 래 우 이 출 거

왼쪽 귀로 들어와 오른쪽 귀로 나가다.[85]

📖 **靜水必深** jìngshuǐ bì shēn
정 수 필 심

깊은 물은 소리를 내지 않는다.

➢ **瓶滿不響** píng mǎn bù xiǎng
병 만 불 향

가득 찬 병은 소리가 없다.[86]

📖 **井底之蛙 坐井觀天** jǐngdǐ zhī wā, zuò jǐng guāntiān
정 저 지 와 좌 정 관 천

우물 안 개구리, 바닥에 앉아 하늘을 본다.

➢ **井裏的蛤蟆 沒見過大天**
정 리 적 합 마 몰 견 과 대 천
jǐng lǐ de hámá, méi jiànguo dà tiān

우물 안 개구리는 넓은 하늘을 본 적이 없다.[87]

---

85) **這** 이 저. **那** 어찌 나, 저 것.
86) **靜** 고요할 정. **瓶** 병 병. **響** 울릴 향.

📖 酒多傷胃 話多傷人
주 다 상 위　화 다 상 인
jiǔduō shāngwèi, huà duō shāngrén

술을 많이 먹으면 위를 상하고, 말이 많으면 사람에게 상처를 준다.

➤ 酒多話多 話多錯多
주 다 화 다　화 다 착 다
jiǔduō huàduō, huàduō cuòduō

술이 지나치면 말이 많고, 말이 많으면 실패도 많다.88)

📖 酒不言公 jiǔ bù yán gōng
주 불 언 공

술자리에서 공무를 논해선 안 된다.

➤ 酒後無君子 jiǔ hòu wú jūnzǐ
주 후 무 군 자

술 끝에 군자 없다.89)

---

87) 蛙 개구리 와. 蛤 큰 두꺼비 합. 蟆 두꺼비 마.
88) 傷 다칠 상. 胃 밥통 위. 錯 섞일 착, 잘못, 실패.
89) 君子 학식과 덕망이 높은 사람.

📖 **聽話聽音 看人看心**

청 화 청 음　간 인 간 심

tīng huà tīng yīr., kàn rén kàn xīn

다른 사람의 말을 들을 때 그 사람 그 마음을 봐야 한다.

➤ **聽人勸 吃飽飯** tīng rén quàn chī bǎo fàn

청 인 권　흘 포 반

다른 이의 충고를 잘 들으면 밥을 배불리 먹을 수 있
다.90)

📖 **聰明反被聰明誤** cōngmíng fǎn bèi cōngmíng wù

총 명 반 피 총 명 오

총명한 사람은 총명해서 손해를 본다.

➤ **聰明人不吃眼前虧**

총 명 인 불 흘 안 전 휴

cōngmíngrén bù chī yǎnqiánkuī

총명한 사람은 눈뜨고 손해를 당하지 않는다.91)

📖 **吹大牛** chuī dàniú

취 대 우

---

90) **飽** 배부를 포.

91) **聰** 귀 밝을 총. **虧** 이지러질 휴, 손해보다.

큰 소를 불어 날리다. (크게 허풍을 떨다.)

➤ **吹牛皮不犯死罪** chuī niúpí bù fàn sǐzuì
   취 우 피 불 범 사 죄

   허풍을 떤다고 죽을죄를 짓는 것은 아니다.92)

📖 **七言八語** qī yán bā yǔ
   칠 언 팔 어

   여러 사람이 시끄럽게 떠들다.

➤ **七手八脚** qī shǒu bā jiǎo
   칠 수 팔 각

   여러 사람이 힘을 합쳐 일하다.93)

📖 **打人不打臉** dǎrén bù dǎliǎn
   타 인 불 타 검

   사람을 때려도 뺨은 때리지 않는다.

➤ **打一巴掌揉三下** dǎ yī bǎzhǎng róu sān xià
   타 일 파 장 유 삼 하

   뺨을 한 번 때리고, 세 번 어루만져 주다. (병 주고
   약 주다.)94)

---

92) **吹** 불 취. **吹牛** 소를 불어 날리다, 허풍.
93) **脚** 다리 각.

📖 **把屎盆子往自己頭上扣**
파 시 분 자 왕 자 기 두 상 구
bǎ shīpénzi wǎng zìjǐtóushang kòu

요강을 제 머리 위에 쏟다. (오명을 덮어쓰다.)

➢ **把屎往臉上抹** bǎ shī wǎng liǎnshang mǒ
파 시 왕 검 상 말

제 얼굴에 똥칠하다. (스스로 체면을 손상하다.)[95]

📖 **閉攏眼睛說假話** bìlóng yǎnjing shuō jiǎhuà
폐 롱 안 정 설 가 화

눈을 감고서 거짓말을 하다.

➢ **閉塞眼睛捉麻雀** bìsè yǎnjing zhuō máquè
폐 색 안 정 착 마 작

눈을 감고 참새를 잡다. (맹목적인 행동.)[96]

📖 **彼一時, 此一時** bǐyīshí, cǐyīshí
피 일 시, 차 일 시

---

94) 臉 뺨 검. 揉 비빌 유, 부드럽게 할 유.
95) 屎 똥 시. 盆 동이 분. 屎盆子 요강. 扣 뒤집을 고, 쏟다.
96) 閉 닫을 폐. 攏 다물 농(롱), 모으다, 합치다.

그때는 그 때이고 지금은 지금이다.

➤ **半斤對八兩** bànjīn duì bāliǎng
반 근 대 팔 량

반 근이나 여덟 량이나 그게 그거.97)

📖 **好狗不擋道** hǎogǒu bùdǎng dào
호 구 부 당 도

좋은 개는 길을 막지 않는다.

➤ **好狗不和鷄鬪 好男不和女鬪**
호 구 불 화 계 투   호 남 불 화 여 투
hǎogǒu bùhé jī dòu, hǎonán bùhé nǚ dòu

잘난 개는 닭과 싸우지 않고, 잘난 남자는 여자와 싸우
지 않는다.98)

📖 **好漢不做混賬事** hǎohàn bù zuò hùnzhàng shì
호 한 부 주 혼 장 사

사내대장부는 뻔뻔한 짓을 하지 않는다.

➤ **好漢不吃回頭草** hǎo hàn bùchī huítóu cǎo
호 한 불 흘 회 두 초

---

97) **半斤** 중국 재래의 도량형에서 반 근은 여덟 량이었음.
98) **狗** 개 구. **擋** 방해할 당. **鬪** 싸울 투.

사내대장부는 후회할 일을 하지 않는다.[99]

📖 **話好說 事難做** huà hǎo shuō, shì nán zuò
　　화 호 설　사 난 주

말하기는 쉽고, 일은 쉽게 못한다.

➤ **好漢做 好漢當** hǎohàn zuò, hǎohàn dāng
　　호 한 주　호 한 당

진정한 대장부는 자기 일에 책임을 진다.[100]

---

99) 漢 사나이 한. 賬 치부책 장. 混賬 언행이 사리에 어긋남.
100) 做 지을 주, ~을 하다.

제5부   학문, 수양에 관한 속담

學而時習之不亦說乎

논어(論語) 학이(學而)

📖 **江山易改 稟性難移**
강 산 이 개　품 성 난 이
jiāngshān yìgǎi, bǐngx ìng nányí

강산은 쉽게 바꿀 수 있어도 품성은 고치기 어렵다.

➤ **喝酒見人心** hējiǔ jiàn rénxīn
갈 주 견 인 심

술을 마시면 사람의 마음을 볼 수 있다.[1]

📖 **開卷有益** kāijuǎn yǒuyì
개 권 유 익

책을 읽는 것이 매우 유익하다.

➤ **三代不讀書會變牛** sāndài bù dúshū huì biàn niú
삼 대 부 독 서 회 변 우

3대에 걸쳐 글을 읽지 않으면 소가 된다.[2]

📖 **擧一反三** jǔ yī fǎn sān
거 일 반 삼

한 모서리를 들어주면 세 귀퉁이도 따라 들려야 한다.

---

1) **稟** 받을 품, 천성 품, 보고할 품. **喝** 마실 갈.
2) **開** 열 개. **卷** 책 권. 두루마리 권.

➤ 只知其一 不知其二 zhǐ zhī qí yī, bù zhī qí èr
지 지 기 일 부 지 기 이

오직 하나만 알고 둘은 모른다.3)

📖 鷄有鷄路 鴨有鴨路 jī yǒu jīlù, yā yǒu yālù
계 유 계 로 압 유 압 로

닭에게는 닭의 길, 오리에게는 오리의 길이 있다.

➤ 鷄歸鷄 鴨歸鴨 jī guī jī, yā guī yā
계 귀 계 압 귀 압

닭은 닭에게, 오리는 오리에게 간다.4)

📖 孔子家兒不識罵 Kǒngzǐ zǐ jiāér bùshí mà
공 자 가 아 불 식 매

공자 가문 자제들은 욕을 모른다.

➤ 曾子家兒不識鬪 Zēngzǐ jiāér bùshí dòu
증 자 가 아 불 식 투

증자 가문의 자제들은 싸움질을 모른다.5)

---

3) 擧 들 거. 不悱不發. 擧一隅 不以三隅反 則 不復也 『論語 · 述而』
4) 鴨 오리 압.
5) 曾子 ; 孔子의 제자. 『효경孝經』 저술.

教不嚴 師之惰 jiào bù yán, shī zhī duò
교 불 엄　사 지 타

가르침이 엄하지 않다면 스승이 게으른 탓이다.

學問不成子之罪 xuéwèn bùchéng zǐ zhī zuì
학 문 불 성 자 지 죄

학문을 이루지 못한다면 제자의 허물이다.[6]

教會徒弟 餓死師傅 jiāohuì túdì, èsǐ shīfu
교 회 도 제　아 사 사 부

제자에게 다 가르쳐주면 사부는 굶어 죽는다.

嚴師出高徒 yánshī chū gāo tú
엄 사 출 고 도

엄한 스승 아래 고명한 제자가 나온다.[7]

狗改不了吃屎 gǒu gǎibuliǎo chīshǐ
구 개 불 료 홀 시

개는 똥 먹는 버릇을 못 고친다.

---

6) **惰** 게으를 타.
7) **餓** 굶주릴 아. **傅** 스승 부.

➤ 狗攬三堆屎 gǒu lǎn sānduī shī
구 람 삼 퇴 시

개가 똥 세 무더기를 끌어안다. (더러운 욕심이 끝도
없다.)8)

📖 君子不見小人過 jūnzǐ bùjiàn xiǎorén guò
군 자 불 견 소 인 과

군자는 소인의 허물을 마음에 두지 않는다.

➤ 君子不揚人之惡 jūnzǐ bùyáng rén zhī è
군 자 불 양 인 지 악

군자는 다른 사람의 허물을 말하지 않는다.9)

📖 君子不念舊惡 jūnzǐ bù niàn jiùè
군 자 불 념 구 악

군자는 지난날 타인의 악행을 마음에 두지 않는다.

➤ 君子施德不望報 jūnzǐ shī dé bù wàng bào
군 자 시 덕 불 망 보

군자는 덕을 베풀어도 보답을 바라지 않는다.10)

----

8) 吃 먹을 흘. 喫 마실 끽과 같음. 屎 똥 시.
9) 過 허물 과. 揚 날릴 양, 오를 양.

📖 **君子以直道待人** jūnzǐ yǐ zhídào dài rén
군 자 이 직 도 대 인

군자는 솔직한 태도로 남을 대한다.

➤ **君子待人 平淡如水** jūnzǐ dàirén, píng dàn rú shuǐ
군 자 대 인 평 담 여 수

군자가 사람을 대할 때는 물처럼 담백하다.11)

📖 **君子不吃無名之食** jūnzǐ bù chī wúmíng zhī shí
군 자 불 흘 무 명 지 식

군자는 명분 없는 음식을 먹지 않는다.

➤ **君子不吃嗟來之食** jūnzǐ bù chī jiēlái zhī shí
군 자 불 흘 차 래 지 식

군자는 던져주는 음식을 먹지 않는다.12)

📖 **君子成人之美** jūnzǐ chéng rén zhī měi
군 자 성 인 지 미

---

10) **施** 베풀 시. **若** 같을 약. **䂞** 달 첨.
11) **淡** 묽을 담.
12) **嗟** 탄식할 차. **嗟來食** "쯧쯧! 와서 먹어!" 멸시하며 주는 음식. 예 : 차전 (嗟錢) '가져!'하며 던져주는 돈.

군자는 남의 좋은 점을 살려 준다.

➤ **忘恩負義是小人** wàngēn fùyì shì xiǎorén
망 은 부 의 시 소 인

은혜를 잊고 의를 저버린다면 소인이다.¹³⁾

📖 **君子小人 勢不兩立**
군 자 소 인　세 불 양 립
jūnzǐ xiǎorén, shì bù liǎng lì

군자와 소인은 공존할 수 없다.

➤ **君子爭禮 小人爭嘴**
군 자 쟁 례　소 인 쟁 취
jūnzǐ zhēng lǐ, xiǎorén zhēng zuǐ

군자는 예를 논하지만 소인은 주둥이로 다툰다.¹⁴⁾

📖 **君子之身可大可小** jūnzǐ zhī shēn, kě dà kě xiǎo
군 자 지 신 가 대 가 소

군자의 행동은 클 수도 작을 수도 있다.

➤ **丈夫之志能屈能伸**
장 부 지 지 능 굴 능 신

---

13) **負** 짐을 질 부, 저버리다, 배신하다.
14) **爭** 다툴 쟁. **嘴** 부리 취, 입.

zhàngfū zhī zhì, néngqūn éngshēn

대장부의 뜻은 굽힐 때도 펼 때도 있다.[15]

📖 **觀過知人** guān guò zhī rén
관 과 지 인

그의 과오를 보면 그 사람을 알 수 있다.

➤ **蝸牛有角不是牛** wōniú yǒu jiǎo bù shì niú
와 우 유 각 불 시 우

달팽이도 뿔이 있지만 소는 아니다.[16]

📖 **老虎花在背** lǎohǔ huā zàibèi
노 호 화 재 배

호랑이의 무늬는 등에 있다.

➤ **人心花在內** rénxīn huā zàinèi
인 심 화 재 내

사람 마음의 무늬는 안에 있다. (볼 수 없다.)[17]

---

15) 屈 굽을 굴. 伸 펼 신.
16) 過 허물 과, 과오. 蝸 달팽이 와. 蝸牛 달팽이.
17) 花 꽃 화, 무늬. 背 등 배.

多讀書 能醫俗 duō dúshū néng yī sú
다 독 서 능 의 속

많은 책을 읽으면 저속한 습성을 고칠 수 있다.

書中自有黃金屋 shū zhōng zìyǒu huángjīn wū
서 중 자 유 황 금 옥

책 속에 황금으로 된 집이 있다.[18]

大不正則小不敬 dà bùzhèng zé xiǎo bù jìng
대 부 정 칙 소 불 경

어른이 바르지 않으면 젊은이는 공경하지 않는다.

大人做大事 大筆寫大字
대 인 주 대 사 대 필 사 대 자
dàrén zuò dàshì, dàbǐ xiě dàzì

훌륭한 사람은 큰일을 해내고 큰 붓으로는 큰 글자를 쓴다.[19]

大丈夫做事不二過 dàzhàngfū zuòshì bù èr guò
대 장 부 주 사 불 이 과

---

18) **書中自有黃金屋** ; 송(宋) 진종(眞宗) 권학문(勸學文)의 한 구절.
19) **寫** 쓸 사, 베끼다.

대장부는 일을 하더라도 같은 실수를 두 번 하지 않는다.

➤ **大丈夫當機立斷** dàzhàngfū dāng jī lì duàn
대 장 부 당 기 입 단

대장부는 제 때에 결단을 내린다.[20]

📖 **讀書有三到** dú shū yǒu sāndào
독 서 유 삼 도

독서할 때 3가지 집중해야 할 것이 있다.

➤ **穿壁引光** chuān bì yǐn guāng
천 벽 인 광

벽에 구멍을 뚫어 이웃 불빛으로 공부하다.[21]

📖 **讀書破萬卷 下筆如有神**
독 서 파 만 권   하 필 여 유 신
dúshū pò wàn juǎn, xià bǐ rú yǒu shén

책 일만 권을 독파하면, 글을 지을 때 신神이 도와준다.

---

20) 機 틀 기, 기계, 베틀.
21) 三到 : 心到, 眼到, 口到, 南宋, 朱子의 말. 穿 뚫을 천.

➤ **讀萬卷書 行萬里路**

독 만 권 서　행 만 리 로

dú wànjuǎn shū, xíng wànlǐ lù

만 권의 책을 읽고 만 리를 여행하라. 22)

📖 **得一望十 得十望百**

득 일 망 십　득 십 망 백

dé yī wàng shí, dé shí wàng bǎi

하나를 쥐면 열을 갖고 싶으며, 열을 얻으면 백을 바라
본다.

➤ **得了鍋台上炕頭** déle guōtái shàng kàngtóu

득 료 과 대 상 항 두

부뚜막에 앉아 있으면 온돌에 올라가고 싶다. 23)

📖 **拉不出屎來 怨茅房** lābùchūshī lai, yuàn máofáng

납 불 출 시 래　원 모 방

똥이 안 나온다고 뒷간을 원망하다.

➤ **占着茅坑不拉屎** zhānzhe máokēng bù lāshǐ

점 착 모 갱 불 랍 시

----

22) **讀書破萬卷** ~ 唐 杜甫의 詩句.

23) **鍋** 솥 과. **鍋台** 부뚜막. **炕** 온돌 항, 말리다.

변소를 차지하고서는 똥을 누지 않는다.[24]

📖 **老實三分笨** lǎoshí sān fēn bèn
노 실 삼 분 분

성실한 사람은 약간 멍청하다.

➤ **老實人吃虧** lǎoshírén chīkuī
노 실 인 흘 휴

성실한 사람이 손해를 본다.[25]

📖 **馬行千里 無人不能自往**
마 행 천 리 무 인 불 능 자 왕
mǎxíngg qiānlǐ, wúrén bùnéng zìwǎng

말이 천리를 간다 해도 사람 없이는 못 간다.

➤ **馬要識道 人要知足**
마 요 식 도 인 요 지 족
mǎ yào shídào, rén yào zhīzú

말은 길을 알아야 하고 사람은 만족을 알아야 한다.[26]

---

24) **拉** 끌 납, **拉屎** 똥을 누다. **茅** 띠 모, 띳집. **茅房** 변소.
25) **笨** 미련할 분, 우둔하다, 거칠다.
26) **識** 알 식. **知足** 만족할 줄 안다.

📖 **萬事開頭難** wànshì kāitóu nán
만 사 개 두 난

모든 일은 그 시작이 어렵다.

➤ **起頭容易結梢難** qǐtóu róngyì jié shāo nán
기 두 용 이 결 초 난

시작은 쉽지만 마무리는 어렵다[27]

📖 **沒有過不去的火焰山**
몰 유 과 불 거 적 화 염 산
méiyǒu guòbuqù de huǒyànshān

지나가지 못하는 화염산은 없다.

➤ **沒有攻不破的八卦陣**
몰 유 공 불 파 적 팔 괘 진
méiyǒu gōngbupò de bāguàzhèn

격파할 수 없는 팔괘진은 없다.[28]

📖 **百尺竿頭 更進一步** bǎichǐ gāntóu gēng jìn yībù
백 척 간 두 갱 진 일 보

갈 수 있는 데까지 갔는데 다시 더 나아가다.

---

27) **梢** 나무 끝 초.
28) **火焰山** 손오공이 파초선으로 불을 끄고 지나간 산.

➢ **他山之石 可以攻玉**
타 산 지 석　가 이 공 옥
tāshān zhī shí, kěyǐ gōng yù

남의 산에 있는 돌이라도 내 옥을 연마하는 데 쓸 수 있다.[29]

📖 **放下屠刀 立地成佛** fàngxià túdāo, lìdì chéngfó
방 하 도 도　입 지 성 불

도살하는 칼을 버리면 그 자리에서 부처가 된다.

➢ **但行好事 莫問前程**
단 행 호 사　막 문 전 정
dàn xíng hǎoshì, mò wèn qiánchéng

좋은 일만 한다면 그 전에 있었던 일은 묻지 않는다.[30]

📖 **白衣染皂 永無更改** báiyī rǎn zào, yǒng wú gēnggǎi
백 의 염 조　영 무 경 개

흰옷에 검은 물을 들이면 영원히 고칠 수 없다.

---

29) **百尺竿頭** ~ 많이 좋아졌지만 더욱 더 노력하다. 불교의 수양 방법론.
　　他山之石 ~ 『詩經 · 小雅 · 鶴鳴』, 更 고칠(경), 다시(갱).
30) **屠** 가축을 죽일 도. **立地** 그 자리에서.

➤ **靛缸裏扯不出白布來**
전 항 리 차 불 출 백 포 래
diàngāng lǐ chěbùch ū báibùlái

쪽빛 염료 항아리에서는 흰 천이 나올 수 없다.[31]

📖 **百人百姓百樣心** bǎirén bǎixìng bǎi yàng xīn
백 인 백 성 백 양 심

백 명의 백성이 백가지 생각.

➤ **百石百性** bǎi shí bǎi xìng
백 석 백 성

백 가지 돌에 백 가지 성질.[32]

📖 **煩惱使人白頭** fánnǎo shǐrén báitóu
번 뇌 사 인 백 두

번뇌는 사람의 머리를 하얗게 만든다.

➤ **有心栽花花不成** yǒuxīn zāihuā huā bùchéng
유 심 재 화 화 불 성

뜻을 갖고 꽃을 가꾸어도 꽃이 안 핀다.[33]

---

31) 皂 검을 조. 靛 쪽빛 전. 缸 항아리 항. 扯 끌어당길 차.
32) 樣 모양 양, 형태.

📖 **蓬生麻中 不扶自直**

봉 생 마 중　불 부 자 직

péng shēng mázhōng, bùfú zì zhí

쑥이 삼밭에서 자란다면 도움이 없더라도 스스로 곧게 자란다.

➤ **白沙入泥 與之皆黑** báishā rù ní, yǔ zhī jiē hēi

백 사 입 니　여 지 개 흑

흰모래가 진흙 속에 있으면 같이 다 검어진다.[34]

📖 **不到黃河心不死** bùdào Huánghé xīnbùsǐ

부 도 황 하 심 불 사

황하에 도달할 때까지 결코 절망할 수 없다. (끝장을 볼 때까지 마음을 바꾸지 않는다.)

➤ **不撞南墙不回頭** bùzhuàng nánqiáng bù huítóu

부 당 남 장 불 회 두

머리를 담에 부딪치기 전에는 머리를 돌리지 않는다. (고집불통.)[35]

---

33) 煩 괴로워할 번. 惱 괴로울 뇌. 栽 심을 재.
34) 蓬 쑥 봉. 麻 삼 마. 扶 도울 부, 떠 바치다. 泥 진흙 니.
35) 心不死 결코 포기할 수 없다. 撞 부딪칠 당.

負義男兒眞狗彘 fù yì nánér zhēn gǒuzhì
부 의 남 아 진 구 체

의리를 저버린 사내는 진짜 개돼지이다.

知恩女子勝英雄 zhīēn nǚzǐ shèng yīngxióng
지 은 여 자 승 영 웅

은혜를 아는 여자는 영웅보다 낫다.[36)]

不知其人觀其友 bù zhī qí rén guān qí yǒu
부 지 기 인 관 기 우

그 사람을 모르거든 그 사람의 친구를 보라.

棋如其人 qí rú qí rén
기 여 기 인

바둑·장기는 바로 그 됨됨이 그대로이다.[37)]

不可一日近小人 bùkě yīrì jìn xiǎorén
불 가 일 일 근 소 인

단 하루라도 소인을 가까이 해서는 안 된다.

---

36) **負** 짐을 질 부, 저버리다, 배신하다. **彘** 돼지 체.
37) **觀** 볼 관. **棋** 바둑 기.

➤ 邪門不壓正道 xiémén bù yā zhèngdào
사 문 불 압 정 도

사악은 정도를 이길 수 없다.[38]

📖 師傅不明弟子濁 shīfu bùmíng dìzǐ zhuó
사 부 불 명 제 자 탁

사부가 똑똑치 못하면 제자는 멍청하다.

➤ 師不高 弟子矮 shī bù gāo, dìzǐ ǎi
사 불 고   제 자 왜

스승이 작으면 제자도 난쟁이다.[39]

📖 三餘讀書 sān yú dúshū
삼 여 독 서

일상생활 중 세 종류의 여가 시간에 독서하기.

➤ 死讀書, 讀死書, 讀書死
사 독 서   독 사 서   독 서 사
sǐ dúshū, dú sǐ shū, dúshū sǐ

맹목적 공부에, 죽은 책을 읽으면, 공부는 하나마나![40]

---

38) 邪 간사할 사, 도덕적으로 옳지 않음. 壓 누를 압.
39) 傅 스승 부. 矮 키 작을 왜.

書到用時方恨少 shū dào yòng shí fāng hèn shǎo
서 도 용 시 방 한 소

책지식은 써먹을 때가 되어야 적은 것을 후회한다.

一日不書 百事荒蕪 yīrì bù shū, bǎishì huāngwú
일 일 불 서 백 사 황 무

하루라도 글을 쓰지 않으면 모든 일이 황망해진다.[41]

書山有路勤爲徑 shūshān yǒu lù qín wéi jìng
서 산 유 로 근 위 경

책의 산에 길이 있으니 근면이 빠른 길이고

學海無崖苦是舟 xuéhǎi wú yá kǔ shì zhōu
학 해 무 애 고 시 주

학문의 바다는 끝이 없으니 고생만이 건널 수 있는
배이다.[42]

善人在座 君子俱來 shànrén zài zuò, jūnzǐ jù lái
선 인 재 좌 군 자 구 래

---

40) **三餘** : 겨울철, 비 오는 날, 밤. **讀書** 공부하다.
41) **荒** 거칠 황. **蕪** 거칠어질 무.
42) **徑** 지름길 경. **崖** 언덕 애, 강이나 바다의 맞은편 기슭.

선인善人이 지위에 오르면 군자君子는 모두 찾아온다.

➢ **善人不負善心人** shànrén bù fù, shànxīn rén
　선 인 불 부 선 심 인

선인善人은 착한 마음을 가진 사람을 버리지 않는다.[43)

📖 **歲寒然後知松栢** suì hán ránhòu zhī sōngbǎi
　세 한 연 후 지 송 백

날이 추워진 뒤에야 송백을 알 수 있다.

➢ **燕雀焉知鴻鵠之志**
　연 작 언 지 홍 곡 지 지
yànquè yān zhī hónghú zhī zhì

제비나 참새가 큰기러기나 고니의 뜻을 어찌 알겠는가![44)

📖 **細行不謹 終累大德** xìxíng bù jǐn, zhōng lèi dàdé
　세 행 불 근 종 루 대 덕

사소한 언행을 조심하지 않는다면 끝내 덕행에 누가 된다.

---

43) 俱 함께 구.
44) 栢 측백나무 백. 雀 참새 작. 鴻 큰기러기 홍. 鵠 고니 곡.

➢ **小節不拘 終累大德**
소 절 불 구   종 루 대 덕
xiǎojié bù jū, zhōng lèi dàdé

작은 예절을 지키지 않으면 끝내 덕행에 누가 된다.[45]

📖 **小壯不努力 老大徒傷悲**
소 장 불 노 력   노 대 도 상 비
xiǎozhuàng bù nǔlì, lǎodà tú shāngbēi

젊어서 노력하지 않으면 늙어 다만 마음 아프고 슬플
뿐이다.

➢ **少而不學 老而無識** shào ér bù xué, lǎo ér wúshí
소 이 불 학   노 이 무 식

젊어 배우지 않으면 늙어 무식하다.[46]

📖 **水至淸則無魚** shuǐ zhì qīng zé wú yú
수 지 청 즉 무 어

물이 맑으면 고기가 없다.

➢ **人至察則無徒** rén zhì chá zé wú tú
인 지 찰 즉 무 도

---

45) 謹 삼갈 근, 조심하다. 累 얽힐 루, 옥에 티 루.
46) 徒 다만 도, 무리 도.

사람이 너무 깨끗하면 따르는 사람이 없다.⁴⁷⁾

📖 **身正不怕影子歪** shēn zhèng bù pà yǐngzi wāi
신 정 불 파 영 자 왜

몸이 바르다면 그림자가 비뚤어질 일 없다.

➤ **身上有屎狗跟踪** shēn shàng yǒu shī gǒu gēn zōng
신 상 유 시 구 근 종

몸에 똥이 묻었으면 개가 뒤를 따라온다.⁴⁸⁾

📖 **心堅石也穿** xīn jiān shí yě chuān
심 견 석 야 천

굳은 결심이면 돌이라도 뚫는다.

➤ **心正百邪不染** xīnzhèng bǎi xié bù rǎn
심 정 백 사 불 염

마음이 바르면 온갖 사악에도 물들지 않는다.⁴⁹⁾

📖 **心疑生暗鬼** xīn yí shēng àn guǐ
심 의 생 암 귀

---

47) 察 살필 찰.
48) 怕 두려울 파. 歪 비뚤 왜. 屎 똥 시. 跟 발꿈치 근. 踪 자취 종.
49) 堅 굳을 견. 穿 뚫을 천. 染 물들 염.

220

마음에 의심이 들면 보이지 않는 귀신이 생긴다.

➤ **心寬不在屋寬** xīn kuān bù zài wū kuān
심 관 부 재 옥 관

집이 넓다고 도량이 넓은 것은 아니다.[50]

📖 **餓死事小 失節事大** è sǐ shì xiǎo, shījié shì dà
아 사 사 소 실 절 사 대

굶어죽는 것은 작은 일이고, 절조節操를 잃는 것은 큰일
이다.

➤ **失利不失信 失信失老本**
실 리 불 실 신 실 신 실 노 본
shīlì bù shīxìn shīxìn shī lǎoběn

이利를 잃을지언정 신의信義를 잃지 말라. (신의를 잃
으면 본전도 잃는다.)[51]

📖 **眼爲心之苗** yǎn wéi xīn zhī miáo
안 내 심 지 묘

눈은 마음의 싹이다.

---

50) 寬 너그러울 관.
51) 餓 굶을 아. 節 마디 절, 지조.

➢ **眼斜心不正** yǎn xié xīn bù zhèng
안 사 심 부 정

눈이 비뚤어지면 마음도 바르지 않다.[52]

📖 **愛戴高帽子** àidài gāomàozi
애 대 고 모 자

남이 추켜 올려주는 것을 좋아하다.

➢ **眼皮朝上飜** yǎnpí cháoshàng fān
안 피 조 상 번

눈꺼풀이 위로 뒤집혔다. (높은 사람과 줄을 대었다고 사람을 무시하다.)[53]

📖 **哀莫大於心死** āi mò dà yú xīnsǐ
애 막 대 어 심 사

의욕 상실, 절망보다 더 큰 슬픔은 없다.

➢ **心有餘而力不足** xīn yǒu yú ér lì bùzú
심 유 여 이 역 부 족

마음에 자신이 있으나 힘이 달린다.[54]

---

52) 苗 싹 묘. 斜 기울 사, 비스듬하다.
53) 高帽子 고깔모자, 아첨하는 말, 조향(朝向)하다. 飜 뒤집힐 번.

📖 **讓禮一寸 得禮一尺** rànglǐ yīcùn dé lǐ yīchǐ
양 례 일 촌 득 례 일 척

한 치의 예〈禮〉로 양보하면 한 자〈尺〉만큼 예를 받는다.

➤ **讓人非我弱** ràngrén fēi wǒ ruò
양 인 비 아 약

내가 약해서 남에게 양보하는 것은 아니다.[55]

📖 **兩耳不聞窓外事** liǎngěr bùwén chuāngwài shì
양 이 불 문 창 외 사

두 귀로는 창 밖의 일에 대하여 듣지 말고,

➤ **一心只讀聖賢書** yīxīn zhǐdú shèngxián shū
일 심 지 독 성 현 서

한 마음으로 오직 성현의 글을 읽어라![56]

📖 **燕雀鴻鵠 人各有志**
연 작 홍 곡 인 각 유 지
yànquè hónghú, rén gè yǒu zhì

작은 새이건 큰 새이건, 사람마다 각자 뜻이 있다.

----

54) **心死** 의지 상실, 무기력.
55) **讓** 사양할 양, 물러설 양. **輸** 옮길 수, 경기나 내기에서 지다.
56) **只** 다만 지.

➢ **燕子雖小 能去江南**
  연 자 수 소   능 거 강 남
  yànzǐ suī xiǎo, néng qù jiāng nán

제비가 비록 작다지만 강남까지 갈 수 있다.[57]

📖 **欲求生富貴 須下死工夫**
  욕 구 생 부 귀   수 하 사 공 부
  yù qiú shēng fù guì, xū xiàsǐ gōngfu

살아서 부귀富貴를 누리고자 한다면 오직 죽도록 공부
하라.

➢ **欲行千里 一步爲初**
  욕 행 천 리   일 보 위 초
  yù xíng qiānlǐ, yī bù wéi chū

천릿길을 가려 한다면 첫걸음부터 시작하라.[58]

📖 **有仇不報非君子** yǒu chóu bù bào fēi jūnzǐ
  유 구 불 보 비 군 자

원수가 있는데도 갚지 않는다면 군자君子가 아니다.

---

57) 燕雀 소인, 범인. 鴻鵠 큰 새, 영웅. 燕子 제비.
58) 須 모름지기 수.

➤ **見難不助非君子** jiàn nán bù zhù fēi jūnzǐ
견 난 부 조 비 군 자

남의 어려움을 보고서도 돕지 않는다면 군자君子가 아
니다. 59)

📖 **有己無人** yǒu jǐ wú rén
유 기 무 인

나만 있고 남은 없다. 제 것밖에 모른다.

➤ **別人屁臭 自己糞香** biérén pì chòu zìjǐ fèn xiāng
별 인 비 취 자 기 분 향

남의 방귀는 냄새나고, 내 똥은 향기가 난다. 60)

📖 **有心不愁山路難** yǒu xīn bù chóu shān lù nán
유 심 불 수 산 로 난

마음만 있다면 산길 험한 것은 걱정하지 않는다.

➤ **有心不怕遲** yǒu xīn bù pà chí
유 심 불 파 지

마음만 있다면 좀 늦는 것은 걱정 안 한다. 61)

---

59) **仇** 원수 구.
60) **屁** 방귀 비. **臭** 냄새날 취. **糞** 똥 분. **別人** 남, 타인.

225

幼而學 壯而行 yòu ér xué zhuàng ér xíng

유 이 학　장 이 행

어려서 배운 대로 커서 실행한다.

玉不琢 不成器 yù bù zhuó, bù chéng qì

옥 불 탁　불 성 기

옥이라도 다듬지 않으면 물건이 되질 않는다.[62]

有志不在年高 yǒu zhì bù zài nián gāo

유 지 부 재 년 고

의지는 나이 많은 것에 있지 않다.

有志者 事竟成 yǒu zhì zhě, shì jìng chéng

유 지 자　사 경 성

품은 뜻은 언젠가는 이루어진다.[63]

以己之心 度人之心

이 기 지 심　탁 인 지 심

yǐ jǐ zhī xīn, duó rén zhī xīn

---

61) **遲** 늦을 지.

62) **琢** 옥 다듬을 탁. **器** 그릇 기, 옥기(玉器), 기물(器物).

63) **竟** 다할 경, 끝나다, 마침내.

나의 마음으로 남의 마음을 헤아리다.

➤ **以小人之心 度君子之腹**

이 소 인 지 심   탁 군 자 지 복

yǐ xiǎorén zhī xīn, duó jūnzǐ zhī fù

소인의 마음으로 군자의 의중을 헤아리다.[64]

📖 **人各有心 心有所欲**

인 각 유 심   심 유 소 욕

rén gè yǒu xīn, xīn yǒu suǒ yù

사람마다 마음이 있고 마음마다 바라는 것이 있다.

➤ **人各有志 何苦相强**

인 각 유 지   하 고 상 강

rén gè yǒu zhì, hé kǔ xiāng qiǎng

사람마다 뜻이 다른데 어찌 힘들게 서로 강권하는
가?[65]

📖 **人得其位 位得其人**

인 득 기 위   위 득 기 인

rén dé qíwèi, wèi dé qírén

---

64) **度** 헤아릴 탁, 법도 도.

65) **欲** 하고자 할 욕. **苦** 힘들 고.

사람은 제자리를 찾고, 자리는 적임자를 얻어야 한다.

➢ **人香千里香** rén xiāng qiān lǐ xiāng
　　인 향 천 리 향

사람의 향기는 천리 간다.[66]

📖 **人貧志短** rén pín zhì duǎn
　　인 빈 지 단

사람이 가난하면 큰 뜻을 못 가진다.

➢ **貧者士之常** pín zhě shì zhī cháng
　　빈 자 사 지 상

가난이란 선비의 일상日常이다.[67]

📖 **人是賤虫 不打不成人**
　　인 시 천 충 　 불 타 불 성 인
　　rén shì jiànchóng, bù dǎ bùchéngrén

사람은 고생보따리, 때리지 않으면 사람이 되질 않는다.

➢ **三句好話不如一馬棒**
　　삼 구 호 화 불 여 일 마 봉

---

66) **得** 얻을 득. **其** 그 기, 그의 그것.
67) **貧** 가난 빈.

sān jù hǎohuà bùrú yī mǎbàng

세 마디 좋은 말이 매 한 번만 못하다.⁶⁸⁾

📖 **天堂無則已 有則善人登**
천 당 무 즉 이 유 즉 선 인 등
tiāntáng wú zé yǐ, yǒu zé shànrén dēng

천당天堂이 없어도 그만이니, 있다면 착한 사람이 올라갈 것이다.

➤ **地獄無則已 有則惡人入**
지 옥 무 즉 이 유 즉 악 인 입
dìyù wú zé yǐ, yǒu zé èrén rù

지옥이 없어도 그만이니, 있다면 악인이 들어갈 것이다.⁶⁹⁾

📖 **人而無信 不知其可** rén ér wú xìn bù zhī qí kě
인 이 무 신 부 지 기 가

사람이 신의가 없다면 쓸 만한 데가 없다. 『論語·爲政』

➤ **人不可忘本** rén bùkě wàngběn
인 불 가 망 본

---

68) **賤** 천할 천. **棒** 몽둥이 봉. **馬棒** 말채찍.
69) **已** 이미 이, 그칠 이. **獄** 감옥 옥.

사람은 근본을 잊어서는 안 된다.[70]

📖 一不怕苦 二不怕死
일 불 파 고　이 불 파 사
yī bù pà kǔ, èr bù pà sǐ

고통을 두려워하지도 죽음을 두려워하지도 않는다.

➤ 一不做 二不休　yī bù zuò, èr bù xiū
일 불 주　이 불 휴

안 한다면 모를까 한다면 끝까지 한다.[71]

📖 一葉蔽目 不見泰山　yīyè bìmù, bù jiàn tài shān
일 엽 폐 목　불 견 태 산

나뭇잎 하나가 눈을 가리면 태산도 보이지 않는다.

➤ 兩耳塞豆不聞雷　liǎngěr sāi dòu bù wén léi
양 이 색 두 불 문 뢰

콩알로 양쪽 귀를 막으면 천둥소리도 안 들린다.[72]

---

70) 忘 잊을 망.
71) 怕 두려울 파. 做 지을 주, ~을 하다.
72) 蔽 덮을 폐. 塞 막힐 색.

📖 **一正壓百邪** yī zhèng yā bǎi xié
일 정 압 백 사

하나의 정도正道는 온갖 사도邪道를 이긴다.

➤ **一善足以消百惡** yīshàn zú yǐ xiāo bǎi è
일 선 족 이 소 백 악

선행 하나로 온갖 악행을 없앨 수 있다.[73]

📖 **一朝行竊 終身是賊**
일 조 행 절 종 신 시 적
yī zhāo xíng qiè, zhōngshēn shì zéi

하루라도 도둑질을 하면 죽을 때까지 도둑이다.

➤ **强則爲盜弱爲丐** qiáng zé wéi dào ruò wéi gài
강 즉 위 도 약 위 갈

도박으로 패가한 뒤에 힘이 좀 있으면 도둑이 되고
약하면 거지가 된다.[74]

📖 **立志容易成功難** lìzhì róngyì chénggōng nán
입 지 용 이 성 공 난

---

73) 壓 누를 압. 邪 간사할 사. 消 사라질 소.
74) 竊 훔칠 절. 盜 훔칠 도. 丐 거지 갈, 걸인(乞人), 빌어먹을 개.

231

뜻을 정하기야 쉽지만 성공은 어렵다.

➤ **練功容易守功難** liàngōng róngyì shǒugōng nán
연공용이수공난

무술을 연마하기는 쉽지만, 계속하기는 쉽지 않다.[75]

📖 **字是黑狗 越描越醜**
자시흑구　월묘월추
zì shì hēigǒu, yuè miáo yuè chǒu

글자는 검은 강아지이니, 덧칠하면 할수록 더 추해진다.

➤ **寫字別描 拉屎別瞧**
사자별묘　납시별초
xiězì bié miáo, lāshǐī bié qiáo

글자를 썼으면 덧칠하지 말고, 똥을 누었으면 쳐다보지 말라.[76]

📖 **竹有節 人有志** zhú yǒu jié, rén yǒu zhì
죽유절　인유지

대나무는 마디가 있고 사람은 지조가 있다.

---

75) **練功** 무공무술을 연마하다.
76) **別~** 하지 말라. **描** 베낄 묘, 덧칠하다. **瞧** 볼 초, 구경하다.

➤ **竹心要空 人心有實**
죽 심 요 공   인 심 유 실
zhú xīn yào kōng, rén xīn yǒu shí

대나무 속은 비어야 하고 사람 마음은 차 있어야 한
다.77)

📖 **知己莫如友** zhī jǐ mò rú yǒu
지 기 막 여 우

친우만큼 나를 아는 이 없다.

➤ **知己容易知彼難** zhī jǐ róngyì zhī bǐ nán
지 기 용 이 지 피 난

나를 아는 것은 그래도 쉽지만 상대를 알기는 어렵
다.78)

📖 **知人不如見面** zhīrén bù rú jiànmiàn
지 인 불 여 견 면

사람을 아는 것은 얼굴을 직접 대하는 것만 못하다.

➤ **知人知面不知心** zhīrén zhīmiàn bù zhīxīn
지 인 지 면 부 지 심

---

77) 節 마디 절. 空 빌 공, 비우다.
78) 彼 저 피, 상대방.

사람을 알고 얼굴도 알지만 속마음은 모른다.[79]

📖 **千難萬難 有志不難**
　천 난 만 난　유 지 불 난
qiānnán wànnán, yǒuzhì bùnán

천 가지 만 가지 어렵다지만 뜻이 있으면 어렵지 않다.

➤ **千易萬易 無志不易** qiānyì wànyì wúzhì bùyì
　천 이 만 이　무 지 불 이

천번만번 쉽다 하여도 의지가 없다면 쉽지 않다.[80]

📖 **千里送鵝毛 禮輕情意重**
　천 리 송 아 모　예 경 정 의 중
qiānlǐ sòng émáo, lǐ qīng qíngyì zhòng

천리 밖에서 작은 물건을 보내오니, 예물은 경미하지
만 그 마음의 정은 중하다.

➤ **千里送寶 不在大小** qiānlǐ sòngbǎo bùzài dàxiǎo
　천 리 송 보　부 재 대 소

천리 밖에서 보내온 선물은 대소를 막론하고 소중하
다.[81]

---

79) **知音, 知己** 마음을 주고받는 진실한 우정 관계.
80) **難** 어려울 난. **易** 쉬울 이, 바꿀 역.

天網恢恢 疏而不漏
천 망 회 회　소 이 불 루
tiān wǎng huīhuī, shū ér bù lòu

하늘의 그물이 아주 넓고 커, 엉성한 것 같지만 빠져나
갈 수 없다.

人容天不容 rén róng tiān bù róng
인 용 천 불 용

사람들이 용납하더라도 하늘은 용납하지 않는다.[82]

天無絶人之路 tiān wú jué rén zhī lù
천 무 절 인 지 로

하늘이 사람의 길을 막는 일은 없다.

天塌不下來 tiān tā bù xiàlái
천 탑 불 하 래

하늘은 무너져 내리지 않는다.[83]

天下無難事 只怕有心人
천 하 무 난 사　지 파 유 심 인
tiānxià wú nánshì, zhǐ pà yǒuxīnrén

---

81) 送 보낼 송. 鵝 거위 아. 禮 예도 예. 輕 가벼울 경.
82) 恢 넓을 회. 恢恢 아주 넓고 큰 모양. 疏 트일 소.
83) 塌 무너질 탑.

세상에 어려운 일은 없다, 다만 뜻을 가진 사람이 없을 뿐이다.

➤ **難不倒有心人** nán bù dǎo yǒuxīnrén
난 부 도 유 심 인

뜻이 있는 사람에게는 어떠한 역경도 없다.[84]

📖 **退後一步路自寬** tuì hòu yībù lù zì kuān
퇴 후 일 보 로 자 관

일보 물러난다면 길은 절로 넓어진다.

➤ **退一步想 過十年看**
퇴 일 보 상　과 십 년 간
tuì yībù xiǎng, guò shínián kàn

일보만 물러서서 생각하면 지난 10년을 볼 수 있다.[85]

📖 **偸針的 也變成偸牛的**
투 침 적　야 변 성 투 우 적
tōuzhēnde yě biàn chéng tōuniúde

바늘을 훔친 사람은 소도둑이 될 수 있다.

---

84) 怕 두려울 파, 염려하다. 有心人 뜻을 세운 사람.
85) 寬 넓을 관.

➢ **小時偸針 大了偸金**
소 시 투 침 　대 료 투 금
xiǎoshí tōu zhēn, dàle tōu jīn

어려서 바늘을 훔치면 커서 황금을 훔치게 된다.[86]

📖 **飽暖生寒事** bǎonuǎn shēng hánshì
포 난 생 한 사

배부르고 등 따시면 엉뚱한 일이 생긴다.

➢ **敎奢易 敎儉難** jiào shē yì, jiào jiǎn nán
교 사 이 　교 검 난

사치를 가르치기는 쉽지만, 검소를 가르치기는 어렵다.[87]

📖 **匹夫鬪勇 英雄鬪智**
필 부 투 용 　영 웅 투 지
pǐfū dòu yǒng, yīngxióng dòu zhì

필부는 용맹을 다투지만 영웅은 지략을 다툰다.

➢ **匹夫不可奪志** pǐfū bùkě duózhì
필 부 불 가 탈 지

---

86) 偸 훔칠 투. 針 바늘 침.
87) 飽 배부를 포. 寒事 남의 일, 중요하지 않은 일. 奢 사치할 사.

237

필부라도 그 의지를 꺾을 수 없다.[88]

📖 **學刻不易 磨刀更難**
　　학 각 불 이　마 도 경 난
　xué kè bù yì, mó dāo gèng nán

조각을 배우기도 쉽지 않지만 칼을 가는 것은 더욱
어렵다.

➤ **學跑之前先學走**
　　학 포 지 전 선 학 주
　xué pǎo zhī qián xiān xué zǒu

달리기를 배우기 전에 먼저 걷기부터 배운다.[89]

📖 **學壞如崩 學好如登**
　　학 괴 여 붕　학 호 여 등
　xué huài rú bēng, xué hǎo rú dēng

나쁜 것을 배우기는 산이 무너지듯 쉽고 좋은 것을
배우기는 산에 오르듯 어렵다.

➤ **學拳容易改拳難** xué quán róngyì gǎiquán nán
　　학 권 용 이 개 권 난

---

88) 匹 짝 필, 평범하다, 하나, 짝. 奪 빼앗을 탈.
89) 刻 새길 각. 更 더욱 경. 跑 빨리 달릴 포. 走 걷다.

권법을 배우기는 쉽지만 잘못 배운 권법을 고치기는 어렵다.[90]

學不可以已 xué bùkěyǐ yǐ
학 불 가 이 이

배움은 중도에 그쳐서는 안 된다. 『순자荀子 · 권학勸學』

> 駑馬十駕 功在不舍 númǎ shíjià, gōng zài bùshě
> 노 마 십 가　공 재 불 사

둔한 말이 열흘에 목적지에 갈 수 있는 것은 그만두지 않기 때문이다. (부단한 노력이면 목표를 달성할 수 있다.) 『순자荀子 · 권학勸學』[91]

學習要勤 順序漸進 xuéxí yào qín, shùnxù jiànjìn
학 습 요 근　순 서 점 진

배우려면 부지런해야 하고, 순서대로 점차 나아가야 한다.

---

90) 壞 무너질 괴, 나쁘다. 崩 무너질 붕.

91) 駕 멍에 가, 말이 하루에 갈 수 있는 거리. 十駕 열흘에 갈 수 있는 거리. 『순자荀子』의 첫 편은 권학(勸學) 편으로, 첫 구절은 "君子曰 學不可以已 青取之於藍而青於藍"으로 시작한다.

➢ 學無老小 能者爲師
학 무 노 소 능 자 위 사
xué wú lǎoxiǎo néngzhě wéi shī

배움에는 노소가 없다. 유능한 사람이 스승이다.92)

📖 學然後知不足 xué ránhòu zhī bùzú
학 연 후 지 부 족

배운 뒤에야 부족함을 안다. 『예기禮記・학기學記』

➢ 學問無大小 能者爲尊
학 문 무 대 소 능 자 위 존
xuéwèn wú dàxiǎo, néngzhě wéi zūn

학문에는 나이가 없다. 능한 사람이 어른이다.93)

📖 行百里者半九十里 xíngbǎilǐ zhě bàn jiǔshílǐ
행 백 리 자 반 구 십 리

일백 리 길을 가는 사람은 구십 리가 절반이다.

➢ 登高自卑 行遠自邇 dēnggāo zìbēi, xíngyuǎn zìěr
등 고 자 비 행 원 자 이

---

92) 漸 물 스며들 점, 차츰차츰.
93) 尊 높을 존.

높이 오르려면 낮은 곳부터, 멀리 가려면 가까운 곳부터 가야 한다.[94]

好漢不貪色 英雄不貪財

호 한 불 탐 색　영 웅 불 탐 재

hǎohàn bù tānsè, yīngxióng bù tāncái

호한(훌륭한 사람)은 여색을 탐하지 않고, 영웅은 재물을 탐하지 않는다.

➤ 好賢者昌 好色者亡

호 현 자 창　호 색 자 망

hàoxián zhě chāng, hàosè zhě wáng

현인賢人을 좋아하면 번창하지만, 여색을 좋아하면 망한다.[95]

患難知朋友　huànnán zhī péngyou

환 난 지 붕 우

역경에서 참 벗을 알 수 있다

➤ 患難之交不可忘　huànnán zhī jiāo bù kě wàng

환 난 지 교 불 가 망

---

94) 自 ~로부터. 卑 낮을 비. 邇 가까울 이.
95) 貪 탐할 탐.

환난 속의 우정은 잊어서는 안 된다.[96]

📖 **活到老 學到老** huó dào lǎo, xué dào lǎo
활 도 노   학 도 노

살면서 늙어 가고, 배우면서 늙는다. (살면서 배우면서 늙는다.)

➤ **活到老 學不了** huódàolǎo, xué bù liǎo
활 도 노   학 불 료

살다보면 늙지만 배움은 끝나지 않는다.[97]

📖 **孝爲百行之先** xiào wéi bǎi xíng zhī xiān
효 위 백 행 지 선

효행은 모든 행위 중 최우선이다.

➤ **孝重千斤 日減一斤**
효 중 천 근   일 감 일 근
xiào zhòng qiānjīn, rì jiǎn yījīn

효의 무게는 천 근인데 날마다 한 근씩 줄어든다.[98]

---

96) **患** 근심 환. **難** 어려울 난. **忘** 잊을 망.
97) **到** 이를 도.
98) **減** 줄어들 감.

📖 **吃人飯 拉狗屎** chī rénfàn, lā gǒu shǐ
흘 인 반　납 구 시

사람의 밥을 먹지만 개똥을 싼다.

➤ **吃紅肉 拉白屎** chī hóngròu, lā báishǐ
흘 홍 육　납 백 시

붉은 고기를 먹고 하얀 똥을 싸다. (늑대처럼 나쁜
짓만 하다.)[99]

📖 **吃一看二眼觀三** chīyī kàn èr yǎnguānsān
흘 일 간 이 안 관 삼

하나를 먹으면서 둘을 보고, 눈은 세 번째를 본다.
(욕심이 많다.)

➤ **吃着碗裏的 看着鍋裏的**
흘 착 완 리 적　간 착 과 리 적
chīzhe wǎnlide, kànzhe guōlide

공깃밥을 먹으면서 솥 안을 쳐다본다.[100]

---

99) 拉屎 똥을 싸다.
100) 碗 그릇 완(盌)의 俗字. 鍋 솥 과.

제6부 세상, 이치에 관한 속담

歲寒然後知松栢之後凋

논어(論語) 자한(子罕)

刻鵠不成尚類鶩 kè hú bù chéng shàng lèi wù
각 곡 불 성 상 류 목

고니를 새기다 안 되면 집오리라도 닮는다.

➤ **畫虎不成反類狗** huà hū bù chéng fǎn lèi gǒu
화 호 불 성 반 류 구

호랑이를 그리다 마니 오히려 개와 비슷하다.[1]

看花容易 繡花難 kànhuā róngyì, xiùhuā nán
간 화 용 이 수 화 난

꽃구경이야 쉽지만 꽃수를 놓기는 어렵다.

➤ **決策容易 實現難** juécè róngyì shíxiàn nán
결 책 용 이 실 현 난

계책 결정은 쉽지만 실행이 어렵다.[2]

車到山前必有路 chē dào shānqián bì yǒu lù
거 도 산 전 필 유 로

수레가 산 밑에 이르면 반드시 길이 있다. (막힌 것
같지만 통한다.)

---

1) **鵠** 고니 곡. **鶩** 집오리 목. **類** 무리 류, 닮다.
2) **看** 볼 간. **易** 쉬울 이, 바꿀 역. **繡** 수놓을 수.

➢ **船過橋下自落帆** chuán guò qiáo xià zì luò fān
선 과 교 하 자 락 범

배가 다리 아래를 지날 때는 돛을 내린다. (상황에
따라 처신하다.)3)

📖 **登高山 望遠海** dēng gāoshān wàng yuǎnhǎi
등 고 산 망 원 해

높은 산에 올라 먼 바다를 바라보다.

➢ **缸裏點燈外邊黑** gāngli diǎn dēng wàibian hēi
항 리 점 등 외 변 흑

항아리 안에서 등불을 켜면 밖은 어둡다.4)

📖 **孔子門前讀孝經** kǒngzǐ ménqián dú Xiàojīng
공 자 문 전 독 효 경

공자 집에 와서 효경을 읽는다.

➢ **孔子門前賣詩文** kǒngzǐ ménqián mài shīwén
공 자 문 전 매 시 문

공자 집 문 앞에 와서 시문詩文을 팔다. (전문가 앞에서

---

3) 帆 돛 범.
4) 登 오를 등. 缸 항아리 항.

어설픈 기량을 자랑하다.)⁵⁾

📖 **鍋裏有米 碗裏有飯** guōli yǒu mǐ, wǎnli yǒu fàn
과 리 유 미　완 리 유 반

솥에 쌀이 있으면 그릇에 밥이 있다.

➤ **鍋裏不見碗裏見** guōli bùjiàn wǎnli jiàn
과 리 불 견 완 리 견

솥에 없다면 밥그릇에 있다. (어딘가 틀림없이 있다.)⁶⁾

📖 **關門養虎 虎大傷人**
관 문 양 호　호 대 상 인
guānmén yǎnghǔ, hǔdà shāngrén

대문을 잠그고 호랑이를 키웠는데, 그 호랑이가 크면
사람을 상하게 한다.

➤ **擒虎不着 反爲虎傷**
금 호 불 착　반 위 호 상
qín hū bùzhao, fǎn wèi hūshāng

호랑이를 잡으려다 실패하면 도리에 상처를 입는다.⁷⁾

---

5) **賣** 팔 매.
6) **鍋** 솥 과. **飯** 밥 반.
7) **關** 잠글 관. **擒** 사로잡을 금. **反** 도리어 반.

📖 **根深葉必蕪** gēn shēn yè bì wú
근 심 엽 필 무

뿌리가 깊으면 잎도 무성하다.

➢ **根不正苗歪** gēn bùzhèng, miáo wāi
근 부 정 묘 왜

뿌리가 바르지 못하면 싹도 바르지 않다.[8]

📖 **棋錯一步 滿盤皆輸** qí cuò yībù, mǎnpán jiēshū
기 착 일 보 만 반 개 수

장기에서 한 수를 잘못 두면 온 판이 다 진다.

➢ **棋不看三步 不捏子兒**
기 불 간 삼 보 부 날 자 아
qí bùkàn sānbù bù niē zǐr

장기에서 세 수 앞을 못 본다면 알을 잡지 말라.[9]

📖 **來有來源 去有去路** lái yǒu láiyuán, qù yǒu qùlù
내 유 내 원 거 유 거 로

----

8) **蕪** 무성할 무. **歪** 삐뚤어질 왜.
9) **棋** 바둑 기. **錯** 섞일 착, 실패하다. **盤** 소반 반. **輸** 나를 수, 내기에서
지다. **捏** 잡을 날. **子兒** 바둑 알.

들어오는 것은 그 근원이 있고, 나가는 것은 갈 길이
있다.

➤ **來路則是去路** lái lù zé shì qù lù
　　내 로 즉 시 거 로

　온 길이 곧 가는 길이다. (들어온 그대로 나간다.)[10]

📖 **老馬識途** lǎo mǎ shí tú
　　노 마 식 도

　늙은 말이 길을 안다.

➤ **若要好 問三老** ruò yào hào, wèn sān lǎo
　　약 요 호　문 삼 노

　만약 잘하고 싶다면 세 노인을 찾아가 물어라.[11]

📖 **路要一步一步走** lù yào yībù yībù zǒu
　　노 요 일 보 일 보 주

　길은 한 걸음 한 걸음 가야 한다.

➤ **飯要一口一口吃** fàn yào yīkǒu yīkǒu chī
　　반 요 일 구 일 구 흘

---

10) 源 근원 원.
11) 途 길 도. 要 구할 요, 바라다, ~하려 하다.

밥은 한 술 한 술 먹어야 한다.[12]

📖 **多一事不如少一事** duō yīshì bùrú shǎo yīshì
다 일 사 불 여 소 일 사

일 하나 더 만드는 것은 일 하나 줄이는 것만 못하다.

➤ **好頭不如好尾** hǎotóu bùrú hǎowěi
호 두 불 여 호 미

좋은 시작보다는 좋은 끝내기.[13]

📖 **大江大浪** dàjiāng dàlàng
대 강 대 랑

큰 강에 큰 파도친다. (벌이가 좋아 씀씀이도 크다.)

➤ **江水不犯河水** jiāngshuǐ bù fàn héshuǐ
강 수 불 범 하 수

양자강은 황하를 넘보지 않는다. (남의 영역을 침범하
지 않는다.)[14]

---

12) 走 '달릴 주'라고 훈독하지만, '걷다'의 의미가 일반적임.
13) 頭 시작. 劈頭 벽두. 尾 끝, 결미(結尾).
14) 大江=長江=양자강(揚子江). 河 황하(黃河)를 지칭하는 고유명사.

📖 **大器晚成 寶貨難售**

대 기 만 성　보 화 난 수

dàqì wǎn chéng bǎohuò nán shòu

대기는 만성이며, 보화는 값이 비싸 잘 팔리지 않는다.

➤ **貨高價出頭** huò gāojià chūtóu

화 고 가 출 두

물건이 좋으면 가격도 높다.[15)

📖 **獨拳難打虎** dú quán nán dǎ hū

독 권 난 타 호

한 주먹으로는 호랑이를 잡을 수 없다.

➤ **獨木難撑大廈** dúmù nán chēng dàshà

독 목 난 탱 대 하

기둥 하나로는 큰 건물을 받칠 수 없다.[16)

📖 **東不成 西不就** dōng bùchéng xī bùjiù

동 불 성　서 불 취

이 일도 저 일도 되질 않는다.

---

15) 晚 늦을 만. 售 팔 수.
16) 拳 주먹 권. 廈 처마 하, 큰 집.

➢ **東不靠 西不靠** dōng bùkào xī bùkào
동 불 고　서 불 고

이 사람 저 사람 아무에게도 의지할 수 없다.[17]

📖 **東山老虎吃人** dōng shān lǎohǔ chīrén
동 산 노 호 흘 인

동쪽 산 호랑이는 사람을 잡아먹는다.

➢ **是個老虎到處吃肉** shì gè lǎohū dào chù chī ròu
시 개 노 호 도 처 흘 육

호랑이라면 어디 가든 고기만 먹는다.[18]

📖 **燈不点不亮** dēng bùdiǎn bùliàng
등 불 점 불 량

등불을 켜지 않으면 밝지 않다.

➢ **不到時候不開花** bù dào shíhou bù kāi huā
부 도 시 후 불 개 화

때가 되지 않으면 꽃이 피지 않는다.[19]

---

17) **靠** 기댈 고.
18) **老虎** 호랑이. **吃** 먹을 흘. **喫** 마실 끽.
19) **燈** 등잔 등. **点** 불 켤 점. **亮** 밝을 량. **時候** 때, 시기.

📖 **驢脣不對馬嘴** lǘchún bùduì mǎzuǐ
여 순 부 대 마 취

당나귀 입술은 말 주둥이에 맞지 않는다. (얼토당토않
다.)

➤ **牛頭不對馬面** niútóu bùduì mǎmiàn
우 두 부 대 마 면

소머리는 말 얼굴의 짝이 아니다.[20]

📖 **路是人開的 樹是人栽的**
노 시 인 개 적　수 시 인 재 적
lù shì rénkāide, shù shì réncáide

길은 사람이 만들었고, 나무는 사람이 심은 것이다.

➤ **路要自己走 關要自己闖**
노 요 자 기 주　관 요 자 기 틈
lù yào zìjǐ zǒu, guān yào zìjǐ chuǎng

길은 스스로 걸어가야 하고, 관문은 스스로 돌파해야
한다.[21]

---

20) **驢** 나귀 려. **脣** 입술 순. **對** 대답할 대, 짝.
21) **栽** 심을 재. **關** 빗장 관, 관문(關門). **闖** 엿볼 틈, 돌입하다, 개척하다.

📖 馬尾穿豆腐 － 提不起來
마 미 천 두 부　　제 불 기 래
mǎyǐ chuān dòu fu － tí bù qǐl ái

말꼬리의 털로 두부를 꿰다. － 들어 올릴 수 없다.

➢ 空口袋 立不住 kōng kǒudài, lì bù zhù
공 구 대　입 부 주

빈 자루는 서 있을 수 없다.[22]

📖 饅頭落地狗造化 mántou luòdì gǒu zàohua
만 두 낙 지 구 조 화

땅에 떨어진 만두는 개에게 복 덩어리.

➢ 城門失火 殃及池魚
성 문 실 화　앙 급 지 어
chéngmén shīhuǒ yāng jí chí yú

성문에 불이 나면 그 재앙은 물고기가 당한다.[23]

📖 萬事具備 只缺東風
만 사 구 비　지 결 동 풍
wànshì jùbèi, zhǐ quē dōngfēng

---

22) 穿 뚫을 천, 꿰다. 袋 주머니 대. 口袋 곡식을 담는 자루.
23) 饅 만두 만. 造化 행운. 殃 재앙 앙. 池 성곽 방어용 연못.

만사가 다 준비되었지만 다만 동풍이 빠졌다.

➤ **萬事不如人計算** wànshì bù rú rén jìsuàn
만 사 불 여 인 계 산

모든 일은 사람의 계산과 같지 않다.[24]

📖 **網裏的魚 籠裏的鳥** wǎngli de yú, lóngli de niǎo
망 리 적 어 농 리 적 조

그물 속의 고기, 새장 속의 새.

➤ **魚遊釜中** yú yóu fǔ zhōng
어 유 부 중

물고기가 솥 안에서 헤엄치다. (곧 닥칠 위험을 모르다.)[25]

📖 **猛犬不吠 吠犬不猛**
맹 견 불 폐   폐 견 불 맹
měngquǎn bùfèi, fèiquǎn bù měng

사나운 개는 짖지 않고, 짖는 개는 사납지 않다.

➤ **咬人的狗不露齒** yǎorénde gǒu bùlùchǐ
교 인 적 구 불 로 치

---

24) 只 다만 지. 缺 모자랄 결. 欠 하품 흠, 모자라다.
25) 籠 대그릇 롱(농). 釜 가마솥 부.

사람을 무는 개는 이를 드러내지 않는다. 26)

📖 **毛毛細雨濕衣裳** máomáoyǔ dǎshī yīshang
모 모 세 우 습 의 상

보슬비에 옷이 젖는다.

➤ **流言蜚語傷好人** liúyán fēiyǔ shāng hǎorén
유 언 비 어 상 호 인

유언비어는 착한 사람을 다치게 한다. 27)

📖 **猫見老鼠心歡喜** māo jiàn lǎoshǔ xīn huānxǐ
묘 견 노 서 심 환 희

고양이는 쥐를 보면 마음이 기쁘다.

➤ **猫不在家 耗子造反** māo bù zài jiā, hàozǐ zàofǎn
묘 부 재 가 모 자 조 반

고양이가 없으면 쥐들이 반란을 일으킨다. 28)

📖 **猫吃腥 狗吃屎** māo chī xīng, gǒu chī shǐ
묘 흘 성 구 흘 시

---

26) 猛 사나울 맹. 吠 짖을 폐. 咬 깨물 교. 露 드러낼 로, 이슬.
27) 毛 '작다' '가늘다'의 뜻도 있음. 濕 젖을 습. 蜚 바퀴벌레 비.
28) 老鼠 쥐. 造反 반란을 일으키다.

고양이는 비린 것을, 개는 똥을 먹는다. (나쁜 뜻으로 쓰임.)

➤ **猫不吃死老鼠** māo bùchī sǐ lǎoshǔ
묘 불 흘 사 노 서

고양이도 죽은 쥐는 먹지 않는다.[29]

📖 **無縫的鷄蛋不生蛆**
무 봉 적 계 단 불 생 저
wú fèng de jīdàn bù shēng qū

터지지 않은 계란에는 구더기가 생기지 않는다.

➤ **物必腐而後虫生** wù bì fǔ ér hòu chóng shēng
물 필 부 이 후 충 생

물건은 썩은 뒤에야 벌레가 생긴다.[30]

📖 **米兒不煮不成飯** mǐer bùzhǔ bùchéngfàn
미 아 불 자 불 성 반

쌀을 익히지 않으면 밥이 되지 않고,

➤ **芝麻不壓不出油** zhīmá bù yā bùchū yóu
지 마 불 압 불 출 유

----

29) 腥 날고기 성, 비린내.
30) 縫 꿰맬 봉. 蛋 알 단. 蛆 구더기 저. 腐 썩을 부.

참깨는 짜지 않으면 기름이 나오지 않는다.[31]

胖子不是一口吃起來的
반 자 불 시 일 구 흘 기 래 적
pàngzi bùshì yīkǒu chī qǐ láide

뚱보는 밥 한술 먹어 그렇게 된 사람이 아니다.

➤ 氷凍三尺 非一日之寒
빙 동 삼 척   비 일 일 지 한
bīngdòng sānchǐ, fēi yī rì zhī hán

얼음 두께 석 자는 하루 추위로 언 것이 아니다.[32]

白雲蒼狗 好景不常
백 운 창 구   호 경 불 상
báiyún cāng gǒu, hǎojǐng bùcháng

흰 구름이 잿빛 개로 되듯 늘 호경기는 아니다. (변화
무쌍한 세상사.)

➤ 一江春水向東流 yī jiāng chūnshuǐ xiàng dōng liú
일 강 춘 수 향 동 류

봄날 강물은 동쪽으로 흐른다. (세상사 근심이 그칠 날
없다.)[33]

---

31) **米兒** 쌀. **煮** 삶을 자. **飯** 밥 반. **芝麻** 참깨. **壓** 누를 압.
32) **胖** 살찔 반. **吃** 먹을 흘, 마시다. **凍** 얼 동. **寒** 추울 한.

📖 **白紙落黑道** báizhǐ lào hēi dào
백 지 낙 흑 도

백지에 검은 줄을 긋다. (기정 사실.)

➤ **木已成舟 米已煮飯** mù yǐ chéngzhōu, mǐ yǐ zhǔfàn
목 이 성 주 미 이 자 반

나무는 이미 배가 되었고 쌀은 벌써 밥이 되었다.[34]

📖 **別人拉網我抓魚** biérén lā wǎng wǒ zhuā yú
별 인 랍 망 아 조 어

그물은 다른 사람이 당기고, 고기는 내가 줍는다.

➤ **蚌鷸相持 漁人得利** bàng yù xiāng chí yúrén délì
방 휼 상 지 어 인 득 리

조개와 물새가 서로 다투면 어부가 이득을 얻는다.[35]

📖 **蜂刺入懷 解衣去趕**
봉 자 입 회 해 의 거 간
fēng cì rù huái, jiě yī qù gǎn

---

33) **蒼** 푸를 창, 회백색, 늙은 모양이나 색깔.

34) **舟** 배 주. **已** 이미 이. **煮** 삶을 자. **飯** 밥 반.

35) **抓** 긁을 조, 움켜잡다. **蚌** 조개 방. **鷸** 도요새 휼.

벌이 옷 안에 들어왔으면 옷을 벗어 쫓아버려야 한다.

➤ **不到水邊不脫鞋** bù dào shuǐbiān bù tuō xié
　부 도 수 변 불 탈 혜

물가에 오기 전에는 신발을 벗지 말라.[36]

📖 **不到西天不見佛** bù dào xītiān bù jiàn fó
　부 도 서 천 불 견 불

서역 인도에 가지 않으면 부처를 볼 수 없다. (파고들지 않으면 이치를 모른다.)

➤ **不到西天 不知佛大小**
　부 도 서 천 　부 지 불 대 소
　bù dào xītiān bùzhī fó dàxiǎo

서역에 가보지 않으면 부처의 크고 작음을 모른다.[37]

📖 **負薪救火** fù xīn jiù huǒ
　부 신 구 화

섶을 지고 불을 끄다. (일을 잘못하여 더 큰 재앙을 당하다.)

---

36) **蜂刺** 벌 침, 벌. **懷** 품을 회, 가슴. **赶** 쫓을 간. **鞋** 신발 혜.
37) **西天** 서역, 천축국(天竺國), 인도.

➤ **火上澆油** huǒ shàng jiāo yóu

　　화 상 요 유

　　불 위에 기름을 붓다.[38]

📖 **不上高山 不顯平地**

　　불 상 고 산　불 현 평 지

　　bù shàng gāoshān, bù xiǎn píngdì

　　높은 산에 오르지 않으면 평지가 드러나지 않는다.

➤ **高山點燈名頭大** gāoshān diǎndēng míngtou dà

　　고 산 점 등 명 두 대

　　산꼭대기에 등불을 켜니 명성이 더욱 높다.[39]

📖 **不入虎穴 焉得虎子** bùrù hūxué yāndé hǔzǐ

　　불 입 호 혈　언 득 호 자

　　호랑이 굴에 들어가지 않고서야 어찌 호랑이 새끼를
　　잡을 수 있나?

➤ **不闖龍潭掏不出龍蛋**

　　불 틈 용 담 도 불 출 용 단

　　bù chuǎng lóngtán tāo bù chū lóngdàn

---

38) 薪 섶나무 신, 땔나무 신. 澆 물댈 요.
39) 顯 드러날 현, 나타낼 현. 藏 감출 장. 豹 표범 표. 掩 가릴 엄.

용의 연못에 뛰어들지 않으면 용의 알을 꺼내올 수 없다.[40]

📖 **飛多高 進多遠** fēi duō gāo, jìn duō yuǎn
비 다 고   진 다 원

높이 난 만큼 멀리 날아간다.

➤ **放長線 釣大魚** fàng chángxiàn diào dàyú
방 장 선   조 대 어

긴 낚싯줄을 놓아 큰 고기를 낚다.[41]

📖 **百川歸海海不盈** bǎi chuān guī hǎi, hǎi bù yíng
백 천 귀 해 해 불 영

모든 강물이 바다로 흘러들지만 바다는 넘치지 않는다.

➤ **千條河流歸大海** qiāntiáo héliú guī dàhǎi
천 조 하 류 귀 대 해

천 갈래 강물은 큰 바다로 흘러간다.[42]

---

40) **焉** 어찌 언. **闖** 돌입할 틈, 엿보다, 충돌하다. **掏** 꺼낼 도.
41) **遠** 멀 원. **釣** 낚을 조. **網** 그물 망.
42) **盈** 가득 찰 영. **條** 가지 조, 줄, 조항. **歸** 돌아갈 귀.

山山有路 路路相通
산 산 유 로 노 로 상 통
shānshān yǒu lù, lùlù xiāng tōng

산마다 길이 있고 길은 길과 통한다.

➤ 山水有相逢 shānshuǐ yǒu xiāngféng
산 수 유 상 봉

산과 물은 서로 만난다.[43]

殺鷄不用牛刀 shā jī bùyòng niúdāo
살 계 불 용 우 도

닭을 잡을 때는 소 잡는 칼을 쓰지 않는다.

➤ 捕鼠不須虎力 bǔshǔ bù xū hūlì
포 서 불 수 호 력

쥐를 잡을 때는 호랑이만한 힘을 쓰지 않는다.[44]

床底下放風箏 chuángdǐ xià fàng fēngzhēng
상 저 하 방 풍 쟁

침상 아래에서 연을 띄우다.

---

43) 逢 만날 봉.
44) 殺 죽일 살. 捕 잡을 포. 鼠 쥐 서.

➢ **樹林中放風箏** shùlín zhōng fàng fēngzhēng
　　수 림 중 방 풍 쟁

수풀 속에서 연을 띄우다. (장애물이 많아 성취할 수
없다.)[45]

📖 **雪地裏埋不住死人** xuědìli máibùzhù sǐrén
　　설 지 리 매 부 주 사 인

눈 속에 죽은 사람을 묻어둘 수 없다.

➢ **紙包不住火 人包不住錯**
　　지 포 부 주 화　인 포 부 주 착
　　zhǐ baō bùzhù huǒ, rén baōbùzhù cuò

종이로는 불을 쌀 수 없고 사람은 잘못을 숨길 수 없다.[46]

📖 **成爲虎 敗爲鼠** chéng wéi hū, bài wéi shǔ
　　성 위 호　패 위 서

성공하면 호랑이지만 실패하면 쥐새끼가 된다.

➢ **成事不說 旣往不咎**
　　성 사 불 설　기 왕 불 구
　　chéngshì bù shuō, jìwǎng bù jiù

----

45) **床** 침상. **底** 밑 저. **風箏** 연, 지연(紙鳶).
46) **埋** 묻을 매. **錯** 섞일 착, 틀리다, 착오, 실패.

끝나버린 일은 다시 말하지 말고, 지나간 것을 탓하지 말라.[47]

📖 **小鬼難與閻羅鬪** xiǎo guǐr nán yǔ yánluó dòu
소 귀 난 여 염 라 투

작은 도깨비는 염라대왕과 다툴 수 없다.

➤ **小鬼見閻王** xiǎo guǐr jiàn yán wáng
소 귀 견 염 왕

작은 도깨비가 염라대왕을 만나다. (무서워 떨다.)[48]

📖 **小廟容不下大菩薩** xiǎomiào róngbùxià dàpúsā
소 묘 용 불 하 대 보 살

작은 절은 큰 보살을 모실 수 없다.

➤ **小廟裏來了大菩薩** xiǎomiào li láile dà púsā
소 묘 리 래 료 대 보 살

작은 절에 큰 보살이 왔다. (큰 인물이 낙향하다.)[49]

---

47) **咎** 허물 구, 책망하다, 탓하다.
48) **閻** 마을 입구의 문 염, 염라대왕.
49) **廟** 사당 묘. **菩** 보리 보. **薩** 보살 살.

266

小石頭能打破大缸 xiǎo shítou néng dǎpò dàgāng
소 석 두 능 타 파 대 항

작은 돌멩이가 큰 항아리를 깨뜨린다.

➢ **星星之火 可以燎原**
성 성 지 화 　 가 이 요 원
xīngxīng zhī huǒ, kěyǐ liáoyuán

작은 불티 하나가 넓은 들판을 태울 수 있다. (주로
혁명과 같은 상황을 표현할 때 사용.)[50]

樹老根多 人老話多
수 노 근 다 　 인 노 화 다
shù lǎo gēn duō, rén lǎo huà duō

나무가 늙으면 뿌리가 많고, 사람이 늙으면 말이 많아
진다.

➢ **樹大陰凉大** shù dà yīnliáng dà
수 대 음 량 대

나무가 크면 그늘도 크다.[51]

---

50) **星星** 별처럼 작은 점. **燎** 불 놓을 료(요), 태우다. **原** 들판 원.

51) **陰** 그늘 음.

📖 **樹要有根 人要有田**

수 요 유 근　　인 요 유 전

shù yào yǒu gēn, rén yào yǒu tián

나무는 뿌리가 있어야 하고, 사람은 땅이 있어야 한다.

➤ **樹的影兒 人的名兒** shù de yǐngr, rén de míngr

수 적 영 아　　인 적 명 아

나무에게는 그림자, 사람에게는 이름.52)

📖 **水底打屁有泡起** shuǐ dǐ dǎ pì yǒu pào qǐ

수 저 타 비 유 포 기

물 속에서 방귀를 끼면 거품이 올라온다.

➤ **水落石出 水淺石見**

수 락 석 출　　수 천 석 현

shuǐ luò shí chū, shuǐ qiǎn shí xiàn

물이 마르면 돌이 드러나고, 물이 얕으면 돌이 보인다.
(진상이 드러나다.)53)

📖 **水清無魚 人清無朋**

수 청 무 어　　인 청 무 붕

shuǐqīng wú yú, rénqīng wú péng

---

52) **影兒** 그림자.

53) **屁** 방귀 비. **泡** 거품 포.

물이 맑으면 고기가 없고, 사람이 맑으면 벗이 없다.

➤ **水流百步自淨** shuǐliú bǎibù zì jìng
  수 류 백 보 자 정

  물이 백 보를 흘러가면 저절로 맑아진다.[54]

📖 **新開茅厠三日香** xīnkāi máocè sānrìxīang
  신 개 모 측 삼 일 향

  새로 지은 뒷간도 3일 동안은 냄새가 좋다.

➤ **新來媳婦三日勤** xīnlái xífù sānrì qín
  신 래 식 부 삼 일 근

  새로 시집온 며느리도 3일간은 부지런하다.[55]

📖 **十個明星當不的月**
  십 개 명 성 당 부 적 월
  shí gè míngxīng dàng bù dè yuè

  밝은 별 열 개라도 달만 못하다.

➤ **萬盞明燈頂太陽** wàn zhǎn míngdēng dǐng tàiyáng
  만 잔 명 등 정 태 양

---

54) 淨 깨끗할 정.
55) 茅 띠 모. 厠 뒷간 측(厠)과 같음. 媳 며느리 식.

일만 개의 밝은 등잔이라면 태양만큼 밝다.[56]

📖 什麼主人養什麼狗
십 마 주 인 양 십 마 구
shénme zhǔrén yǎng shénme gǒu

그런 주인이 그런 강아지를 기른다.

➤ 什麼病吃什麼藥 shénme bìng chī shénme yào
십 마 병 흘 십 마 약

그 어떤 병에는 그 어떤 약![57]

📖 牙齒咬舌頭 yáchǐ yǎo shétou
아 치 교 설 두

이빨이 혀를 깨물다. 내분이 일어나다.

➤ 齒亡舌存 chǐ wáng shé cún
치 망 설 존

치아는 빠져 없어도 혀는 남아 있다. (부드러운 혀가
오래 견딘다.)[58]

---

56) 盞 잔 잔, 등잔.
57) 麼 어찌 마. 什麼 의문을 나타냄 무엇? 무슨? 어떤? 왜? 뭐?
58) 咬 깨물 교. 亡 없을 망. 舌 혀 설.

啞巴吃黃連 有苦說不出
아 파 흘 황 련 유 고 설 불 출
yāba chī huánglián, yǒu kǔ shuō bùchū

벙어리가 황련을 먹으면 써도 말을 못한다.

➤ 啞巴吃餃子 — 心裏有數
아 파 흘 교 자 심 리 유 수
yǎba chī jiǎozǐ — xīnli yǒu shù

벙어리가 만두를 먹는다 — 마음속으로 다 계산이 있다.[59]

野雀無糧天地廣 yěquè wú liáng tiāndì guǎng
야 작 무 량 천 지 광

참새 먹을 양식이 없다지만 세상은 넓다.

➤ 老天餓不死人 lǎotiān è bù sǐ rén
노 천 아 불 사 인

하늘은 사람을 굶겨 죽이지 않는다. (굶어 죽는다면 다른 이유가 있다.)[60]

---

59) 啞 벙어리 아. 啞巴 벙어리. 黃連 다년생 풀, 쓴맛. 餃子 만두.
60) 雀 참새 작. 糧 양식 량(양).

📖 **揚湯止沸 不如去薪**
　양 탕 지 비　불 여 거 신
　yáng tāng zhǐ fèi bù rú qù xīn

끓는 물을 퍼내어 안 끓게 하는 것은 장작을 꺼내는 것만 못하다.

➤ **抽薪止沸** chōu xīn zhǐ fèi
　추 신 지 비

불타는 장작을 꺼내어 끓는 것을 멈추게 하다. (문제의 근본적 해결.)[61]

📖 **溫呑水湯鷄** wēntūnshuǐ tāng jī
　온 탄 수 탕 계

미적지근한 물로 닭털을 뽑다. (하늘 일이 야무지지 못하다.)

➤ **未屙屎先喚狗** wèi ēshī xiān huàn gǒu
　미 아 시 선 환 구

똥을 누지도 않고 개를 먼저 부르다.[62]

---

61) **揚** 오를 양. **沸** 물 끓을 비. **薪** 땔나무 신. **抽** 뽑을 추.
62) **溫呑水** 미적지근한 물. **湯鷄** 뜨거운 물에 담가야 털이 뽑힌다. **屙** 뒷간에 갈 아.

📖 瓦罐不離井上破 wǎguàn bùlí jǐngshang pò
와 관 불 리 정 상 파

물동이는 우물 근처에서 깨지기 십상이다.

➤ 將軍多在陣前亡 jiāngjūn duō zài zhènqián wáng
장 군 다 재 진 전 망

장군은 싸움터에서 죽게 마련이다.[63]

📖 玩火者 必自焚 wánhuǒzhě bì zì fén
완 화 자 필 자 분

불장난에 제 몸을 태우다. (자업자득.)

➤ 玩刀劍者必死於刀劍
완 도 검 자 필 사 어 도 검
wán dāojiàn zhě, bì sǐ yú dāojiàn

칼을 가지고 노는 사람 반드시 칼로 죽는다.[64]

📖 娃子不哭 奶不脹 wázi bù kū, nǎi bù zhàng
왜 자 불 곡 내 부 창

아기가 울지 않으면 유모는 젖을 주지 않는다.

---

63) 瓦 질그릇 와, 기와 와. 罐 항아리 관, 두레박 관.
64) 玩 희롱할 완. 焚 불탈 분.

➤ **娃娃有奶日夜長** wáwa yǒu nǎi rìyè cháng
왜 왜 유 내 일 야 장

아기는 젖을 주면 밤낮으로 큰다.[65]

📖 **外明不知裏暗** wàimíng bùzhī lǐ àn
외 명 부 지 리 암

밖이 훤하다고 안 어두운 줄 모른다.

➤ **外寧必有內憂** wài níng bì yǒu nèiyōu
외 령 필 유 내 우

겉은 편안하지만 내부 우환이 있다.[66]

📖 **龍生龍 鳳生鳳** lóng shēng lóng, fèng shēng fèng
용 생 용 봉 생 봉

용은 용을, 봉황은 봉황을 낳는다.

➤ **老鼠生兒會打洞** lǎoshǔ shēng ér huì dǎdòng
노 서 생 아 회 타 동

쥐새끼는 태어나면서부터 구멍을 팔 줄 안다. (천성은
못 바꾼다.)[67]

---

65) **娃子** 아기. **奶** 젖 내, 어미, 유모. **脹** 배부를 창.
66) **憂** 근심 우.

用針挖井 白費工夫
용 침 알 정 백 비 공 부
yòng zhēn wā jǐng, bái fèi gōngfu

바늘로 샘을 파면 공연히 시간만 버린다.

➤ 用竹籃子打水 yòng zhúlánzi dǎ shuǐ
용 죽 람 자 타 수

대바구니로 물을 긷다. (헛수고하다.)[68]

雨過了送傘 yǔ guòle sòng sǎn
우 과 료 송 산

비가 갠 다음에 우산을 보내다.

➤ 事後諸葛亮 shìhòu Zhūgéliàng
사 후 제 갈 량

일을 다 마친 다음에 제갈량. (나중에 더 좋은 방법을 생각해 내다.)[69]

遠水不解近渴 yuǎnshuǐ bùjiě jìn kě
원 수 불 해 근 갈

---

67) 鳳 봉황새 봉. 鼠 쥐 서. 會 ~할 줄 안다.
68) 挖 후벼 팔 알. 白 헛되이. 籃 바구니 람(남).
69) 傘 우산 산.

275

먼 곳의 물은 당장의 갈증을 풀어줄 수 없다.

➤ **遠水救不了近火** yuǎnshuǐ jiùbuliǎo jìn huǒ
원 수 구 불 료 근 화

먼 데 있는 물은 가까이에서 난 불을 끌 수 없다.[70]

📖 **月滿則虧　水滿則溢**
월 만 즉 휴　수 만 즉 일
yuè mǎn zé kuī, shuǐ mǎn zé yì

만월은 곧 이지러지고, 물이 가득 차면 넘친다.

➤ **月缺能圓　心碎難補**
월 결 능 원　심 쇄 난 보
yuè quē néng yuán, xīn suì nán bǔ

달은 이지러졌다가 다시 둥글지만, 마음의 상처는 고
치기 어렵다.[71]

📖 **乳犢不怕虎** rǔ dú bù pà hū
유 독 불 파 호

젖 먹는 송아지 범 무서운 줄 모른다.

---

70) **遠** 멀 원. **渴** 목마를 갈.
71) **虧** 일그러질 휴. **溢** 넘칠 일. **缺** 일그러질 결.

➤ **死猪不怕開水湯** sǐzhū bù pà kāishuǐ tāng
사 저 불 파 개 수 탕

죽은 돼지는 끓는 물을 무서워하지 않는다.[72]

📖 **有理不在多言** yǒulǐ bù zài duōyán
유 리 부 재 다 언

말이 많아야만 도리에 맞는 것은 아니다.

➤ **有理壓得泰山倒** yǒulǐ yā dé tàishān dǎo
유 리 압 득 태 산 도

도리에 맞는다면 태산도 넘어뜨릴 수 있다.[73]

📖 **有一得必一失** yǒu yī dé bì yī shī
유 일 득 필 일 실

얻는 것이 있으면 잃는 것도 있다.

➤ **凡事有一利 必有一弊**
범 사 유 일 이 필 유 일 폐
fánshì yǒu yī lì, bì yǒu yī bì

모든 일에 한 가지 이점이 있다면 반드시 하나의 폐단
이 있다.[74]

---

72) **犢** 송아지 독. **開水湯** 끓는 물.
73) **壓** 누를 압. **倒** 넘어질 도.

有一說一 有二說二
유 일 설 일 유 이 설 이
yǒu yī shuō yī, yǒu èr shuō èr

하나면 하나라고 둘이면 둘이라고 말하다. (과장하지 않는다.)

有你不多 沒你不小
유 니 부 다 몰 니 불 소
yǒu nǐ bù duō, méi nǐ bù xiǎo

네가 있어서 많은 것도 아니고, 없어서 적은 것도 아니다.75)

肉包子打狗 — 有去無回
육 포 자 타 구   유 거 무 회
ròu baōzi dǎ gǒu — yǒu qù wú huí

고기가 들어있는 찐빵으로 개를 때리다 — 한번 가면 돌아오지 않는다.

把鷄也飛了 蛋也打了 bǎ jī yě fēile, dàn yě dǎle
파 계 야 비 료 단 야 타 료

잡았던 닭은 날아갔고 계란도 깨졌다.76)

---

74) 弊 옷이 해질 폐, 폐단.
75) 沒 가라앉을 몰, 없다.

📖 **以毒攻毒 以火攻火**

이 독 공 독　이 화 공 화

yǐ dú gōng dú, yǐ huǒ gōng huǒ

독약으로 독을 치료하고 불로써 불을 끄다.

➤ **以眼還眼 以牙還牙**

이 안 환 안　이 아 환 아

yǐ yǎn huán yǎn, yǐ yá huán yá

눈에는 눈 이에는 이.[77]

📖 **利不百 不變法** lì bù bǎi, bù biàn fǎ

이 불 백　불 변 법

이로운 점이 백가지가 아니라면 법을 바꾸지 않는다.

➤ **天時不如地利 地利不如人和**

천 시 불 여 지 리　지 리 불 여 인 화

tiānshí bùrú dìlì, dìlì bù rú rénhé

천시天時는 지리적 이점만 못하고 지리地利는 인화人和
만 못하다. 『맹자孟子 · 공손추公孫丑 下』[78]

----

76) **包子** 안에 소가 들어있는 찐빵. **把** 잡을 파. **也** '~도'.

77) **牙** 어금니 아.

78) **不如** ~와 같지 않다, ~만 못하다.

📖 **理不通 行不正** lǐ bùtōng, xíng bùzhèng
이 불 통 행 부 정

이치가 맞지 않으면 행동이 바르지 못하다

➤ **以五十步笑百步** yǐ wǔshí bù xiào bǎibù
이 오 십 보 소 백 보

오십 보 도망친 사람이 백 보 도망간 사람을 비웃
다.[79]

📖 **耳朵不離腮** ěrduǒ bù lí sāi
이 타 불 리 시

귀는 뺨에서 떨어질 수 없다. (관계가 밀접하다.)

➤ **餓狗不離主** è gǒu bù lí zhǔ
아 구 불 리 주

굶주린 개는 주인 곁을 떠나지 않는다.[80]

📖 **人急辦不了好事** rén jí bàn bù liǎo hǎoshì
인 급 판 불 료 호 사

사람이 서두르면 일을 잘 마무리하지 못한다.

---

79) 笑 웃을 소.

80) 朶 늘어질 타(朵)와 同字. 腮 뺨 시(顋)의 俗字.

➢ 火燒眉毛 — 顧眼前
화 소 미 모 　　　고 안 전
huǒ shāo méimao — gù yǎnqián

눈썹에 불이 붙었다. — 눈앞의 일을 살펴라.81)

📖 人謀不如天算 rénmóu bùrú tiānsuàn
인 모 불 여 천 산

인간의 지모智謀는 하늘의 조화만 못하다.

➢ 人謀雖巧 天道難欺
인 모 수 교 　　천 도 난 기
rénmóu suī qiǎo, tiāndào nán qī

인간의 꾀가 아무리 뛰어난들 하늘을 속일 수는 없다.82)

📖 因風吹火 用力不多
인 풍 취 화 　　용 력 부 다
yīn fēng chuī huǒ, yòng lì bù duō

바람 따라 불을 피우면 힘이 적게 든다.

---

81) 燒 태울 소. 眉 눈썹 미. 顧 돌아볼 고.
82) 謀 꾀 모. 巧 기묘할 교, 정교하다.

➤ **有風走一天 無風走一年**
유 풍 주 일 천　무 풍 주 일 년
yǒu fēng zǒu yī tiān, wú fēng zǒu yī nián

바람이 불면 하루에 갈 길을 바람이 없으면 일 년에
간다.[83]

📖 **一個指頭握不成拳** yī gè zhǐtou wòbùchéng quán
일 개 지 두 악 불 성 권

손가락 하나를 구부렸다고 주먹이 되지는 않는다.

➤ **一根木頭支不了天** yī gēn mùtou zhībùliǎo tiān
일 근 목 두 지 불 료 천

나무 한 토막으로는 하늘을 지탱할 수 없다.[84]

📖 **一根筷子吃麵** yīgēn kuàizǐ chī miàn
일 근 쾌 자 흘 면

젓가락 한 개로 국수를 먹다. (혼자서 일을 떠맡다.)

➤ **一人不做二人事** yīrén bùzuò èrrén shì
일 인 부 주 이 인 사

---

83) **吹** 불 취. **一天** 하루.
84) **握** 쥘 악. **根** 가늘고 긴 모양의 물건을 세는 양사(量詞).

282

혼자서는 두 사람의 일을 못 한다.[85)]

📖 **一法通 萬法通** yī fǎ tōng, wànfǎ tōng
　　일 법 통　만 법 통

한 가지 이치에 능통하면 모든 일이 잘 된다.

➢ **一業興 百業旺** yī yè xīng, bǎi yè wàng
　　일 업 흥　백 업 왕

한 가지 사업이 잘 되면 관련 산업도 왕성하다.[86)]

📖 **一富遮百醜** yī fù zhē bǎichǒu
　　일 부 차 백 추

돈이 있으면 온갖 추한 것을 가릴 수 있다.

➢ **一福能壓百禍** yīfú néng yā bǎihuò
　　일 복 능 압 백 화

큰 복은 온갖 재앙을 누른다.[87)]

📖 **一羊過河 十羊過河**
　　일 양 과 하　십 양 과 하

---

85) 筷 젓가락 쾌.
86) 旺 성할 왕.
87) 遮 막을 차, 가리다. 壓 누를 압.

yī yáng guò hé, shí yáng guò hé

양 한 마리가 내를 건너면 열 마리 양도 건넌다.

➤ 一羊前行 衆羊後繼

일 양 전 행　중 양 후 계

yīyáng qián xíng, zhòngyáng hòu jì

양 한 마리가 앞서 가면 모든 양이 뒤따라간다.[88]

📖 臨淵羨魚 不如退而結網

임 연 선 어　불 여 퇴 이 결 망

línyuān xiànyú bùrú tuì ér jiéwǎng

연못가에서 물고기를 바라보는 것은 돌아가 그물을 엮는 것만 못하다.

➤ 荷鋤候雨 不如決渚 héchú hóu yǔ bùrú juézhǔ

하 서 후 우　불 여 결 저

괭이를 메고 비를 기다리느니 도랑을 치고 물을 끌어 들이는 것이 낫다.[89]

📖 藏了和尚藏不了寺

장 료 화 상 장 불 료 사

----

88) 繼 이을 계.

89) 羨 부러워할 선. 荷 연꽃 하, 멜 하, 짐 하. 鋤 호미 서.

cángle héshang cángb ùliǎo sì

중은 숨을 수 있지만 절은 감출 수 없다.

➤ **和尚歸寺客歸棧** héshang guī sì kè guī zhàn
  화 상 귀 사 객 귀 잔

중은 절로 가고, 나그네는 객점(주막)으로 간다.[90]

📖 **墙上畵馬不能騎** qiángshang huà mǎ bù néng qí
  장 상 화 마 불 능 기

담벼락에 그린 말은 탈 수 없다.

➤ **紙上畵餠不充飢** zhǐshang huà bǐng bù chōng jī
  지 상 화 병 불 충 기

종이에 그린 떡으로는 허기를 채울 수 없다.[91]

📖 **前車之覆 後車之鑑**
  전 거 지 복 후 거 지 감
  qiánchē zhī fù, hòuchē zhī jiàn

앞 수레의 전복은 뒤 수레의 귀감이 된다.

---

90) 棧 가축우리 잔, 여관 잔, 객잔(客棧).
91) 墙 담 장. 騎 말을 탈 기. 餠 떡 병. 充 채울 충. 飢 주릴 기.

285

➤ **前人之失 後人之鑑**
전 인 지 실　　후 인 지 감
qiánrén zhī shī, hòurén zhī jiàn

앞사람의 실패는 뒷사람의 귀감이 된다.[92]

📖 **紙虎嚇不得人** zhǐhū xiàbùde rén
지 호 혁 부 득 인

종이호랑이는 사람을 놀라게 할 수 없다.

➤ **紙猫嚇不住耗子** zhǐmāo xià bùzhù hàozi
지 묘 혁 부 주 모 자

종이 고양이는 쥐를 놀라게 할 수 없다.[93]

📖 **出水才見兩腿泥** chūshuǐ cái jiàn liǎng tuǐ ní
출 수 재 견 양 퇴 니

물에서 나와야 비로소 양다리에 진흙이 묻은 걸 볼 수
있다.

➤ **荷花出水有高低** héhuā chūshuǐ yǒu gāodī
하 화 출 수 유 고 저

----

92) **覆** 뒤집힐 복.　**鑑** 거울 감.
93) **嚇** 놀라게 할 혁.

연꽃이 물 밖에 피면 높고 낮은 것이 있다.94)

📖 **打不成米 連口袋都丢**
타 불 성 미　 연 구 대 도 주
dǎ bùchéng mǐ, lián kǒudài dōudiū

쌀은 사지도 못하고 쌀자루마저 잃어버렸다.

➤ **打不成狐狸 倒落一身臊**
타 불 성 호 리　 도 낙 일 신 조
dǎ bùchéng húlí, dào luò yīshēn sāo

여우는 못 잡고 노린내만 묻혔다.95)

📖 **打蛇先打頭** dǎ shé xiān dǎ tóu
타 사 선 타 두

뱀을 잡을 때는 먼저 머리를 때려야 한다.

➤ **打草驚蛇** dǎ cǎo jīng shé
타 초 경 사

풀을 건드려 뱀을 놀라게 하다. (쓸데없는 행동으로 손해를 자초하다.)96)

---

94) 才 비로소. 腿 넓적다리 퇴. 泥 진흙 니. 荷花 연(蓮)꽃.
95) 連 ~조차. 袋 자루 대. 丢 아주 갈 주. 臊 노린내 조.
96) 驚 놀랠 경.

太陽從西邊出來 tàiyáng cóng xībiān chūlái
태 양 종 서 변 출 래

해가 서쪽에서 떠올랐다. (절대로 있을 수 없는 일.)

烏頭白 馬頭角 wūtóu bái, mǎtóu jiǎo
오 두 백　마 두 각

까마귀의 머리가 하얗게 되고, 말머리에 뿔이 난다.[97]

破巢之下 安有完卵 pòcháo zhī xià ān yǒu wánluǎn
파 소 지 하　안 유 완 란

부서진 둥지 아래 깨지지 않은 알이 있겠는가?

破船又逢頂頭風 pòchuán yòuféng dǐngtóufēng
파 선 우 봉 정 두 풍

부서진 배가 맞바람을 만나다. (역경에 역경이 거듭
오다.)[98]

風不颳 樹不搖 fēng bùguā shù bùyáo
풍 부 괄　수 불 요

바람이 불지 않으면 나무는 흔들리지 않는다.

---

97) 烏 까마귀 오.
98) 巢 둥지 소. 安 어디? 의문대명사. 卵 알 난. 又 또 우.

➤ **無風不起浪** wúfēng bù qǐ làng
무 풍 불 기 랑

　바람이 없으면 물결이 일지 않는다.[99]

📖 **和尚多了不念經** héshàng　duōle bù niànjīng
화 상 다 료 불 념 경

　화상(중)이 많으면 불경을 외질 않는다.

➤ **艄公多了打爛船** shāogōng duōle dǎlànchuán
소 공 다 료 타 난 선

　사공이 많으면 배가 엉망이 된다.[100]

---

99) **颭** 모진 바람 괄, 바람이 불다. **搖** 흔들릴 요.

100) **艄** 고물 소, 사공 소. **爛** 문드러질 난, 낡다, 엉망이다.

제7부 일상생활에 관한 속담

妨於利而行 多怨

논어(論語) 이인(里仁)

各人自掃門前雪 gèrén zìsǎo ménqiánxuě
각 인 자 소 문 전 설

모두가 자기 대문 앞 눈은 쓴다.

莫管他人瓦上霜
막 관 타 인 와 상 상
mò guǎn tārén wǎshang shuāng

남의 기와 위의 서리는 상관하지 마라.[1]

儉如良藥可醫貧 jiǎn rú liángyào kě yī pín
검 여 양 약 가 의 빈

검소한 생활은 가난을 치료할 수 있는 양약良藥이다.

大廈千間 夜眠七尺
대 하 천 간   야 면 칠 척
dàshà qiān jiān, yèmián qī chǐ

천 칸 큰 집에 살아도 밤에는 일곱 자 침상에서 잔다.[2]

隔竈頭的飯好吃 gé zaótóude fàn hǎo chī
격 조 두 적 반 호 흘

부뚜막 너머 온 밥이 맛이 있다.

---

1) **掃** 쓸 소. **莫** 말 막, ~ 하지 말라. **瓦** 기와 와. **霜** 서리 상.
2) **廈** 큰집 하, 대하(大廈), 대루(大樓), 맨션mansion. **眠** 잠잘 면.

292

➢ **吃燒餅賠唾沫** chī shāo bǐng péi tuò mò

홀 소 병 배 타 말

군 떡을 먹더라도 침이 나와야 한다. (세상에 공짜는 없다.)[3]

📖 **苦好吃 氣難受** kǔ hǎo chī, qì nán shòu

고 호 흘　기 난 수

고생이야 참을 수 있지만 천대는 참을 수 없다.

➢ **苦的不盡 甛的不來** kǔde bùjìn tiánde bùlái

고 적 부 진　첨 적 불 래

고난이 끝나지 않으면 달콤한 날은 오지 않는다.[4]

📖 **巧婦難爲無米之炊**

교 부 난 위 무 미 지 취

qiǎofù nánwéi wú mǐ zhī chuī

아무리 솜씨 좋은 며느리라도 쌀이 없이는 밥을 지을 수 없다.

➢ **巧女難拿兩根針** qiǎonǚ nán ná liǎng gēn zhēn

교 녀 난 나 양 근 침

---

3) **竈** 부엌 조. **燒** 사를 소, 굽다. **餠** 떡 병. **唾** 침 타. **沫** 거품 말.

4) **氣** 기운 기, 화를 내다, 천대, 학대. **盡** 다할 진. **甛** 달 첨.

아무리 솜씨 좋아도 바늘 두 개로 바느질을 못한다.[5]

📖 **窮極生智** qióng jí shēng zhì
궁 극 생 지

가난이 극에 달하면 먹고 살 꾀가 나온다.

➤ **窮當益堅** qióng dāng yì jiān
궁 당 익 견

곤궁할수록 더욱 굳은 의지가 있어야 한다.[6]

📖 **勤在手頭 省在鍋頭**
근 재 수 두 　 성 재 과 두
qín zài shǒutou, shěng zài guōtou

근면은 손끝에 있고 절약은 솥에 있다.

➤ **挨着勤的沒有懶的** āi zhè qínde méiyǒu lǎnde
애 착 근 적 몰 유 나 적

부지런한 사람 곁에 게으른 사람 없다.[7]

---

5) **巧** 재주 교. **炊** 밥지을 취. **拿** 잡을 나.
6) **極** 다할 극. **堅** 굳을 견.
7) **挨** 가까이 하다. **勤的** 부지런한 사람. **懶的** 게으른 사람.

勤儉生富貴 富貴要勤儉
근 검 생 부 귀　부 귀 요 근 검
qínjiǎn shēng fùguì, fùguì yào qínjiǎn

근검勤儉은 부귀를 낳는다. 부귀를 누리려면 근검해야
한다.

> **一勤天下無難事** yī qín tiānxià wú nánshì
일 근 천 하 무 난 사

부지런하다면 천하에 어려운 일이 없다.[8]

近水知魚性 jìnshuǐ zhī yúxìng
근 수 지 어 성

물 가까이 사는 사람은 물고기의 특성을 잘 안다.

> **近山識鳥音** jìnshān shíniǎoyīn
근 산 지 조 음

산에 사는 사람은 새의 울음소리를 구별한다.[9]

今夕有酒今夕醉 jīnxī yǒujiǔ jīnxī zuì
금 석 유 주 금 석 취

---

8) **勤** 부지런할 근.
9) **識** 알 식, 식별하다.

오늘 이 저녁에 술이 있다면 오늘 취한다.

➤ **明日愁來明日愁** míngrì chóu lái míngrì chóu
　명　일　수　래　명　일　수

내일 걱정거리가 생긴다면 내일 걱정하리라.10)

📖 **勤而不儉 枉而其勤**
　근　이　불　검　왕　이　기　근
qín ér bù jiǎn, wǎng ér qí qín

부지런하나 검소하지 않다면 그 근면은 헛된 것이다.

➤ **雷公不打勤快人** Léigōng bùdǎ qínkuàirén
　뇌　공　불　타　근　쾌　인

부지런한 사람은 벼락을 맞지 않는다.11)

📖 **飢不擇食 貧不擇妻** jī bùzé shí, pín bùzé qī
　기　불　택　식　빈　불　택　처

굶주렸으면 음식을 가리지 않고, 가난하면 여자를 고르지 않는다.

➤ **不患貧 只患不均** bù huàn pín, zhǐ huàn bù jūn
　불　환　빈　지　환　불　균

---

10) **醉** 취할 취. **愁** 근심 수.
11) **枉** 굽을 왕, 헛되다. **雷公** 번개를 주관하는 신. **勤快** 부지런하다.

가난은 걱정 안하고, 고르지 않은 것을 걱정한다.[12]

📖 **懶牛懶馬屎尿多** lǎnniú lǎnmǎ shīniào duō
나 우 나 마 시 뇨 다

게으른 소와 말은 똥오줌도 많다

➤ **懶牛屎尿多 懶漢明日多**
나 우 시 뇨 다   나 한 명 일 다
lǎnniú shīniào duō, lǎnhàn míngrì duō

게으른 소는 똥오줌이 많고, 게으른 놈은 내일이 많다.[13]

📖 **懶人渴死在井邊** lǎnrén kěsǐ zài jǐngbiān
나 인 갈 사 재 정 변

게으른 놈은 우물가에서 목말라 죽는다.

➤ **懶漢吃飯 比誰都快**
나 한 흘 반   비 수 도 쾌
lǎnhàn chīfàn, bǐ shuí dōu kuài

게으른 놈도 밥 먹을 때는 누구보다도 빠르다.[14]

---

12) 飢 굶주릴 기.
13) 懶 게으를 나(뇌). 屎 똥 시. 尿 오줌 뇨.
14) 渴 목마를 갈. 快 빠를 쾌.

📖 **懶人有懶福** lǎnrén yǒu lǎnfú
나 인 유 나 복

게으른 사람에게도 게으른 복이 있다

➤ **傻兒自有傻福** shǎ ér zì yǒu shǎ fú
사 아 자 유 사 복

바보에게도 바보 몫의 복이 있다.[15]

📖 **拿住耗子就是猫** názhù hàozi jiù shì māo
나 주 모 자 취 시 묘

쥐를 잡아야만 고양이이다.

➤ **白猫黑猫 抓到老鼠 就是好猫**
백 묘 흑 묘　조 도 노 서　취 시 호 묘
báimāo hēimāo, zhuādào lǎo shǔ, jiùshì hǎomāo

희든 검든 쥐를 잡는 고양이가 좋은 고양이이다.[16]

📖 **大富由命 小富由勤**
대 부 유 명　소 부 유 근
dà fù yóu mìng, xiǎo fù yóu qín

---

15) **傻** 몹쓸 사, 바보 사. **呆** 어리석을 태.
16) **抓** 잡을 조. **就是** 곧 ~이다. **耗** 줄어들 모, 모자(耗子). **鼠** 쥐 서.

큰 부자[大富]는 팔자지만, 작은 부자[小富]는 부지런하면 된다.

➤ **餓得死懶漢 餓不死窮漢**

아 득 사 나 한 　 아 불 사 궁 한

è de sǐ lǎn hàn, è bù sǐ qiónghàn

게으른 사내는 굶어죽어도 가난한 사내는 굶어죽지 않는다.[17]

📖 **冬不借衣 夏不借扇**

동 불 차 의 　 하 불 차 선

dōng bù jiè yī, xià bù jiè shàn

겨울에는 옷을, 여름에는 부채를 빌리지 않는다.

➤ **那個腹中無算盤** nǎge fùzhōng wú suànpán

나 개 복 중 무 산 반

누구의 뱃속에 주판이 없는가?[18]

📖 **良藥難治思想病** liángyào nánzhì sīxiǎngbìng

양 약 난 치 사 상 병

좋은 약이라도 마음의 병은 고칠 수 없다.

---

17) 懶 게으를 나.
18) 借 빌리다. 扇 부채 선. 算盤 주판.

➢ **病人疑心重** bìng rén yí xīn zhòng
병 인 의 심 중

병자는 의심이 많다.[19]

📖 **莫飮卯時酒 昏昏醉到酉**
막 음 묘 시 주 혼 혼 취 도 유
mòyǐn mǎoshí jiǔ, hūnhūn zuìdào yǒu

아침에 술을 마시지 마라, 하루 종일 멍청하게 취한다.

➢ **卯時酒, 午時色, 半點貪不得**
묘 시 주 오 시 색 반 점 탐 부 득
mǎoshí jiǔ, wǔshí sè, bàndiǎn tānbùdé

아침 술, 한낮의 계집질을 조금이라도 탐하지 말라.[20]

📖 **亡羊補牢不算晩** wáng yáng bǔ láo bù suàn wǎn
망 양 보 뢰 불 산 만

양을 잃고 우리를 고쳐도 늦다고 생각하지 않는다.

➢ **船到江心補漏遲** chuán dào jiāngxīn bǔ lòu chí
선 도 강 심 보 루 지

....

19) **思想病** 마음의 병, 이념적 편견 등.
20) **卯時** 05시~07시. **午時** 11시 ~13시. **酉時** 17시~19시.

배가 강 가운데 왔을 때 물 새는 데를 고친다면 때가 늦은 것이다.[21]

📖 **夢是心頭想** mèng shì xīntou xiǎng
몽 시 심 두 상

꿈은 마음속의 생각이다.

➤ **日有所思 夜有所夢** rì yǒu suǒsī, yè yǒu suǒmèng
일 유 소 사 야 유 소 몽

낮에 생각한 것은 밤에 꿈을 꾼다.[22]

📖 **無酒不成席** wú jiǔ bù chéng xí
무 주 불 성 석

술이 없다면 술판이 되질 않는다.

➤ **好合不如好散** hǎohé bùrú hǎosàn
호 합 불 여 호 산

좋은 만남은 좋게 헤어지는 것만 못하다.[23]

---

21) 牢 우리 뢰(뇌). 補 기울 보. 漏 물샐 누. 遲 늦을 지.
22) 心頭 마음, 마음 속.
23) 散 흩을 산, 끝내다.

📖 **無病是神仙** wúbìng shì shénxiān
　무 병 시 신 선

　무병한 사람이 신선이다.

➤ **無禍便是福** wú huò biàn shì fú
　무 화 편 시 복

　재앙이 없는 것이 바로 복이다.[24]

📖 **無錢卜不靈** wú qián bǔ bù líng
　무 전 복 불 령

　돈이 없으면 점을 봐도 맞지 않는다.

➤ **誰有錢 誰有理** shuí yǒu qián, shuí yǒu lǐ
　수 유 전　수 유 리

　누구든 돈 있는 사람이 옳은 사람이다.[25]

📖 **上刀山 下油鍋** shàng dāoshān xià yóuguō
　상 도 산　하 유 과

　칼 산을 올랐고, 기름 솥에 빠졌다. (온갖 고생을 다하다.)

---

24) **便** 편할 편, 곧 ~이다.
25) **誰** 누구 수.

➢ **大江大河都過啦** dàjiāng dàhé dōu guòlà
대 강 대 하 도 과 랍

큰 강, 큰 물 다 건넜다. (산전수전 다 겪었다.)[26]

📖 **盃中物** bēi zhōng wù
배 중 물

술. 잔 속에 있는 물건.

➢ **薄薄酒 勝茶湯** bóbójiǔ shèng chátāng
박 박 주 승 차 탕

맹물 같은 술이라도 찻물보다 좋다.[27]

📖 **百病從脚起** bǎibìng cóng jiǎo qǐ
백 병 종 각 기

모든 병은 다리에서부터 시작된다.

➢ **百病逢春發** bǎibìng féng chūn fā
백 병 봉 춘 발

모든 병은 봄에 발생하여 퍼진다.[28]

---

26) 啦 어조사 랍(라).
27) 薄 엷을 박. 勝 ~ 보다 낫다.
28) 脚 다리 각. 逢 만날 봉.

📖 **白天見了鬼** báitiān jiànle guǐ
백 천 견 료 귀

밝은 대낮에 귀신을 만났다.

➤ **白日做夢** báirì zuò mèng
백 일 주 몽

밝은 대낮에 꿈을 꾸다. (황당한 일을 당하다.)[29]

📖 **百會百窮** bǎi huì bǎi qióng
백 회 백 궁

온갖 재주를 다 가졌으나 궁상을 면치 못하다.

➤ **一藝富 百藝窮** yī yì fù, bǎi yì qióng
일 예 부 백 예 궁

한 재주는 부자지만, 재주가 많으면 가난하다.[30]

📖 **病有四百四病** bìngyǒu sìbǎisì bìng
병 유 사 백 사 병

병에는 440종류의 병이 있다.

---

29) **做** 지을 주, **作**과 같음.
30) **會** ~을 할 줄 안다. **百會** 만능. **藝** 재주 예.

➤ **藥有八百八方** yào yǒu bābǎibā fāng
약 유 팔 백 팔 방

약에는 880가지 처방이 있다. (병보다 처방이 더 많다.)[31]

📖 **寶山空回** bǎo shān kōng huí
보 산 공 회

보물산에 갔다가 빈손으로 돌아오다. (절호의 기회를 놓치다.)

➤ **當取不取 過後莫悔**
당 취 불 취 　 과 후 막 회
dāng qǔ bù qǔ, guòhòu mò huǐ

마땅히 취할 것을 취하지 않고서 나중에 후회하지 말라.[32]

📖 **富貴貧賤須以道得之**
부 귀 빈 천 수 이 도 득 지
fùguì pínjiàn xū yǐ dào dé zhī

부귀와 빈천은 모름지기 바른 길로 얻어야 한다.

---

31) 方 방법, 처방.
32) 寶 보배 보. 莫 말 막, ~할 수 없다.

➤ **寧可清貧 不可濁富** nìngkě qīngpín bùkě zhuófù

　영 가 청 빈　불 가 탁 부

차라리 청빈할지언정 지저분한 부자는 되지 않겠
다.[33]

📖 **上有天堂 下有蘇杭**

　상 유 천 당　하 유 소 항

shàng yǒu tiān táng, xià yǒu Sū Háng

하늘에 천당이 있다면, 지상에는 소주와 항주가 있다.

➤ **蘇杭不到枉爲人** Sū Háng bùdào wǎng wéi rén

　소 항 부 도 왕 위 인

소주, 항주에 유람하지 않았다면 인생을 헛되이 산
것이다.[34]

📖 **不到黃石寨 枉到張家界**

　부 도 황 석 채　왕 도 장 가 계

bù dào Huángshízhài, wǎng dào Zhāngjiājiè

황석채에 오르지 않았다면 장가계를 헛구경한 것이
다.

---

33) 須 모름지기 수.
34) 蘇 소생할 소. 杭 건널 항.

➢ **桂林山水甲天下 陽朔山水甲桂林**
계 림 산 수 갑 천 하　양 삭 산 수 갑 계 림
Guìlín shānshuǐ jiǎ tiānxià, Yángshuò shānshuǐ jiǎ Guìlín

계림의 산수는 천하의 으뜸이고, 양삭의 풍경은 계림에서 제일이다.[35]

📖 **不讀書 不識字** bù dú shū, bù shí zì
부 독 서　불 식 자

배우지 않으면 글자를 모른다.

➢ **不識字 不明理** bù shízì, bù míng lǐ
불 식 자　불 명 리

글자를 모르면 세상 이치를 알지 못한다.[36]

📖 **焚林而畋 明年無獸**
분 림 이 전　명 년 무 수
fén lín ér tián, míngn ián wú shòu

숲을 태워 사냥을 하면 다음해 잡을 짐승이 없다.

---

35) **寨** 울타리 채. **枉** 굽을 왕, 헛되다. **甲** 으뜸 갑. **朔** 초하루 삭.
36) **讀書** 책을 읽다, 공부하다.

➢ **竭澤而漁 明年無魚**

갈 택 이 어 명 년 무 어

jié zé ér yú, míngnián wú yú

물을 다 퍼내어 물고기를 잡으면 이듬해에 물고기가
없다.[37]

📖 **不怕慢 只怕站** bù pà màn, zhǐ pà zhàn

불 파 만 지 파 참

느린 것은 걱정이 안 되는데, 다만 그만둘까 걱정이다.

➢ **擔遲不擔錯** dān chí bù dān cuò

담 지 부 담 착

행동이 느린 것은 책임지지만 잘못된 것은 책임지지
않는다.[38]

📖 **比人心 山未險** bǐ rénxīn shān wèi xiǎn

비 인 심 산 미 험

인심에 비하면 산은 험하지 않다.

---

37) **畋** 사냥할 전, 전렵(畋獵). **獸** 들짐승 수. **竭** 다할 갈. **漁** 고기잡을
어.

38) **怕** 두려울 파. **慢** 느릴 만. **只** 다만 지. **站** 설 참.

308

➤ 不怕沒好事 就怕沒好人
불 파 몰 호 사 　 취 파 몰 호 인
bù pà méi hǎoshì, jiù pà méi hǎorén

좋은 일이 없어 걱정이 아니라 좋은 사람이 없어 걱정
이다.[39]

📖 事無不三成 shì wú bù sān chéng
사 무 불 삼 성

세 번 해서 안 되는 일 없다.

➤ 事在人爲 人要爲事 shì zài rénwéi, rén yào wéishì
사 재 인 위 　 인 요 위 사

일은 사람하기에 달렸고, 사람은 일을 해야 한다.[40]

📖 三杯和萬事 一醉解千愁
삼 배 화 만 사 　 일 취 해 천 수
sānbēi hé wànshì, yīzuì jiě qiānchóu

술 석 잔에 만사가 다 좋아지고, 취하면 모든 근심을
풀어버린다.

---

39) 險 험할 험. 沒 빠질 몰, ~이 없다.
40) 要 ~해야 한다.

➢ **好酒除百病** hǎo jiǔ chú bǎibìng
　호 주 제 백 병

좋은 술은 온갖 병을 없애 준다.[41]

📖 **三十如狼 四十如虎** sānshí rú láng, sìshí rú hū
　삼 십 여 랑　사 십 여 호

30대는 늑대와 같다가 40대에는 호랑이와 같다. (중년 남자의 성욕.)

➢ **二十不浪 三十浪 四十正在浪頭上**
　이 십 불 랑　삼 십 랑　사 십 정 재 낭 두 상
　èrshí bù làng sānshí làng, sìshí zhèng zài làngtóu
　shàng

20에는 물결이 안 일다가, 30에는 물결이 일고, 40에는 물결이 세게 일어난다. (여인의 성욕(性慾).)[42]

📖 **色是殺人刀** sè shì shā rén dāo
　색 시 살 인 도

여색은 사람을 죽이는 칼이다.

---

41) **醉** 취할 취. **除** 없애다, 제외하다, 나누다.
42) **狼** 이리 낭(랑), 늑대. **浪** 물결 랑.

➢ **色字頭上一巴刀** sè zì tóushàng yībā dāo
색 자 두 상 일 파 도

색色자 위에 칼 한 자루가 있다.[43]

📖 **少吃多有味 多吃味不鮮**
소 흘 다 유 미　다 흘 미 불 선
shǎochī duō yǒu wèi, duōchī wèi bùxiān

적게 먹어야 맛이 있고 많이 먹으면 맛을 잘 모른다.

➢ **少吃多餐 病好自安**
소 흘 다 찬　병 호 자 안
shǎochī duōcān, bìng hǎo zìān

조금씩 자주 먹으면 병도 좋아지고 절로 편안하다.[44]

📖 **心裏痛快百病消** xīnli tòngkuài bǎibìng xiāo
심 리 통 쾌 백 병 소

마음이 통쾌하면 온갖 병이 사라진다.

➢ **心廣體胖 量大長壽**
심 광 체 반　양 대 장 수
xīn guǎng tǐ pán, liàng dà, chángshòu

---

43) 一巴 한 자루.
44) 餐 먹을 찬.

마음이 넓으면 몸이 건강하고 도량이 크면 장수한다.[45]

📖 **烟酒不養家** yān jiǔ bù yǎngjiā
연 주 불 양 가

담배 피고 술도 마시면 식구를 부양하지 못한다.

➤ **咽喉深似海** yār.hóu shēn sì hǎi
인 후 심 사 해

목구멍은 바다만큼 깊다.[46]

📖 **寧可不識字 不可不識人**
영 가 불 식 자   불 가 불 식 인
nìngkě bù shízì, bǔkě bùshírén

차라리 글자를 모를지언정 사람을 몰라보지 마라.

➤ **爲人容易做人難** wéirén róngyi zuòrén nán
위 인 용 이 주 인 난

사람으로 살기야 쉽지만 사람 노릇하기는 어렵다.[47]

---

45) 消 사라질 소. 胖 살찔 반.
46) 咽 목구멍 인. 喉 목구멍 후. 似 같을 사.
47) 做 지을 주. 做人 도덕심을 갖추고 사회생활을 하다.

312

📖 **寧可貧後富 不可富後貧**
영 가 빈 후 부   불 가 부 후 빈
nìngkě pín hòu fù, bùkě fù hòu pín

차라리 가난했다가 부자가 되어야지, 부유했다가 가난할 수는 없다.

➢ **寧可無了有 不可有了無**
영 가 무 료 유   불 가 유 료 무
nìngkě wú le yǒu, bù kě yǒu lè wú

차라리 없다가 있어야지, 있다가 없을 수는 안 된다.[48]

📖 **往日無寃 近日無仇**
왕 일 무 원   근 일 무 구
wǎngrì wú yuān, jìnrì wú chóu

옛날 남에게 원망을 산 일도, 지난날에 남에 원수진 일 없다.

➢ **寃家對頭 窄路相逢** yuānjia duìou zhǎilù xiāngféng
원 가 대 두   착 로 상 봉

원수나 적수는 좁은 길에서 만난다.[49]

---

48) 寧 편안할 녕(영), 차라리 ~하다.
49) 寃 원통할 원. 仇 원수 구. 對頭 적수, 원수. 窄 좁을 착.

遠路無輕擔 yuǎnlù wú qīngdàn
원 로 무 경 담

먼 길 가는데 가벼운 짐 없다.

➢ **遠行無急步** yuǎnxíng wú jíbù
원 행 무 급 보

먼 길을 가는 사람은 급하게 걷지 않는다.[50]

遠女兒近地 無價之寶
원 녀 아 근 지　무 가 지 보
yuǎn nǚér jìn dì wújià zhī bǎo

먼 데서 시집온 며느리와 가까운 경작지는 값을 따질 수 없는 보물이다.

➢ **隣居好 勝金寶** línjū hǎo, shèng jīnbǎo
인 거 호　승 금 보

좋은 이웃은 금은보화보다 낫다.[51]

肉不如鷄 鷄不如魚 ròu bùrú jī, jī bùrú yú
육 불 여 계　계 불 여 어

살코기는 닭고기만 못하고, 닭은 생선만 못하다.

---

50) 擔 멜 담, 짐.
51) 隣 이웃 린.

➢ **肉肥湯也香** ròu féi tāng yě xiāng
육 비 탕 야 향

살코기가 기름지면 국물도 구수하다.[52]

📖 **醫不敲門** yī bù qiāo mén
의 불 고 문

의원은 문을 두드리지 않는다.

➢ **治了病 治不了命** zhìle bìng, zhì bù liǎo mìng
치 료 병   치 불 료 명

병은 치료하지만 운명은 고치지 못한다.[53]

📖 **人勤地不懶** rén qín dì bù lǎn
인 근 지 불 나

사람이 부지런하면 땅도 게으름을 피우지 않는다.

➢ **良田不如良佃** liángtián bùrú liáng diàn
양 전 불 여 양 전

좋은 땅이라도 부지런한 농부만 못하다.[54]

---

52) **湯** 물 끓을 탕, 국 탕.
53) **敲** 두드릴 고.
54) **勤** 부지런할 근. **懶** 게으를 라(뢰). **佃** 소작인 전, 소작하다.

人不可一日無業 rén bùkě yīrì wúyè
인 불 가 일 일 무 업

사람은 하루라도 일이 없어서는 안 된다.

人不虧地 地不虧人 rén bù kuī dì, dì bù kuī rén
인 불 휴 지 지 불 휴 인

사람이 땅을 버리지 않는다면 땅도 사람을 버리지 않는다.55)

一分錢 一分人情 yīfēn qián yīfēn rénqíng
일 분 전 일 분 인 정

돈 한 푼은 한 푼 인정. (인정에 따라 돈도 달라진다.)

秀才人情紙半張 xiùcái rénqíng zhǐ bàn zhāng
수 재 인 정 지 반 장

수재의 인정은 종이 반 장.56)

一笑解百醜 yīxiào jiě bǎi chǒu
일 소 해 백 추

한 번 웃음으로 온갖 추한 것을 풀어버린다.

---

55) 休 쉴 휴. 虧 이그러질 휴, 모자라다, 손해를 보다, 저버리다.
56) 人情 호의, 경조사의 인사나 선물. 分 나눌 분, 푼 분.

➤ **一唱解千愁** yī chàng jiě qiān chóu
일 창 해 천 수

노래 한 곡에 온갖 근심을 풀어버리다.[57]

📖 **一人不喝酒** yīrén bù hē jiǔ
일 인 불 갈 주

술은 혼자 마시지 않는다.

➤ **倒地葫蘆** dǎo dì húlu
도 지 호 로

땅에 넘어진 호로병. (술에 취해 넘어진 사람.)[58]

📖 **一日不食 一日氣衰** yīrì bù shí, yīrì qì shuāi
일 일 불 식　일 일 기 쇠

하루 식사를 하지 않으면 하루의 기가 쇠약해진다.

➤ **一日無茶則滯 三日無茶則病**
일 일 무 다 즉 체　삼 일 무 다 즉 병
yīrì wú chá zé zhì, sānrì wú chá zé bìng

하루라도 차를 안 마시면 체하고, 3일간 안 마시면
병이 난다.[59]

---

57) 愁 근심 수.
58) 倒 넘어질 도. 葫 조롱박 호. 蘆 갈대 로.

📖 一酒待百客 yī jiǔ dài bǎi kè
일 주 대 백 객

술로 모든 손님을 접대하다.

➤ 倚酒三分醉 yǐ jiǔ sānfēn zuì
의 주 삼 분 취

술을 핑계로 취한 척하다.[60]

📖 一着好 全盤活 yī zhāo hǎo, quán pán huó
일 착 호   전 반 활

바둑 한 수가 좋으면 온 판이 살아난다.

➤ 一着錯 全盤輸 yī zhāo cuò, quán pán shū
일 착 착   전 반 수

한 수 잘못에 온 판을 패한다.[61]

📖 自己屙的屎自己埋 zìjǐ ēde shǐ zìjǐ mái
자 기 아 적 시 자 기 매

자기가 싼 똥은 자기가 파묻어야 한다.

---

59) 衰 쇠약해질 쇠. 滯 막힐 체.

60) 倚 기댈 의. 三分 삼분, 3%, 약간.

61) 輸 나를 수, 내기에 질 수. 贏 yíng 이가 남을 영, 이기다.

➢ **髮長尋刀削** fà cháng xún dāo xiāo
발 장 심 도 삭

머리카락이 길면 칼을 찾아서 깎는다.62)

📖 **將酒勸人 終無惡意**
장 주 권 인 종 무 악 의
jiāngjiǔ quànrén, zhōng wú èyì

술을 권하는 것은 아무런 악의가 없다.

➢ **詩爲酒友 酒是色媒** shī wéi jiǔyǒu, jiǔ shì sèméi
시 위 주 우 주 시 색 매

시詩는 술의 친구가 되고, 술은 여색女色의 중매쟁이
다.63)

📖 **財是英雄膽 衣是震人毛**
재 시 영 웅 담 의 시 진 인 모
cái shì yīng xióng dǎn, yī shì zhènrén máo

재물은 영웅의 담력이요, 옷은 사람을 다시 보게 한다.

➢ **衣成人 水成田** yī chéng rén, shuǐ chéng tián
의 성 인 수 성 전

---

62) **髮** 터럭 발. **尋** 찾을 심. **削** 깎을 삭.
63) **將** 손에 가지다, ~을 가지고. **媒** 중신들 매.

옷이 사람을 만들고, 물이 있어야 논이 된다.[64]

📖 **猪是六畜之首** zhū shì liùchù zhī shǒu
저 시 육 축 지 수

돼지는 여섯 가축 중의 으뜸이다.

➤ **猪爲家中寶 無豕不成家**
저 위 가 중 보 무 시 불 성 가
zhū wéi jiā zhōng bǎo, wú shǐ bù chéng jiā

돼지는 집안의 보물이니 돼지가 없으면 집이 아니다.[65]

📖 **井裏打水 往河裏倒** jǐnglǐ dǎshuǐ, wǎng hélǐ dào
정 리 타 수 왕 하 리 도

우물물을 길어다가 냇물에 쏟아 붓는다. (헛수고하다.)

➤ **跑到河邊來買水** pǎodào hébiān lái mǎishuǐ
포 도 하 변 래 매 수

강가에 달려와서 물을 사가다. (미련한 사람.)[66]

---

64) 震 벼락 진, 놀라게 하다.

65) 畜 가축 축. 六畜 ; 猪, 牛, 羊, 馬, 鷄, 狗. 豕 돼지 시.

酒亂性 色迷人 jiǔ luàn xìng, sè mí rén
주 난 성　색 미 인

음주는 심성을 어지럽히고, 여색은 사람을 미혹케 한
다.

酒荒色荒 有一必亡
주 황 색 황　유 일 필 망
jiǔhuāng sèhuāng yǒu yī bì wáng

술에 빠지든, 색에 미치든 하나라도 있으면 틀림없이
망한다.[67]

酒杯雖小淹死人 jiǔ bēi suī xiǎo yān sǐ rén
주 배 수 소 엄 사 인

술잔은 비록 작으나 사람이 빠져 죽는다.

酒病酒藥醫 jiǔ bìng jiǔ yào yī
주 병 주 약 의

술병에는 술이 약이다.[68]

---

66) **打水** 물을 긷다. **裏** 안 리. **倒** 거꾸로 도.
67) **荒** 거칠 황, 황당하다, 주색에 빠지다, 탐닉하다.
68) **淹** 담글 엄, 빠질 엄.

📖 **酒不醉人人自醉** jiǔ bùzuì rénrén zìzuì
주 불 취 인 인 자 취

술은 취하지 않는데, 사람이 제 스스로 취한다.

➤ **酒壞君子水壞路** jiǔ huài jūnzǐ shuǐ huài lù
주 괴 군 자 수 괴 로

술은 군자를 타락시키고 물은 길을 무너뜨린다.[69]

📖 **酒色財氣 人各有好** jiǔ sè cái qì, rén gè yǒu hǎo
주 색 재 기 인 각 유 호

술과 여색과 재물과 놀이, 사람마다 좋아하는 것이
있다.

➤ **爲人不喝酒 枉在世上走**
위 인 불 갈 주 왕 재 세 상 주
wéirén bùhē jiǔ, wǎng zài shìshàng zǒu

사람이 되어 술을 안 마신다면 세상을 헛사는 것이
다.[70]

📖 **酒後吐眞言 酒後見眞情**
주 후 토 진 언 주 후 견 진 정

---

69) **壞** 무너질 괴.
70) **喝** 마실 갈. **枉** 굽을 왕, 구부리다 헛되이, 쓸데없이.

jiǔhòu tǔ zhēnyán jiǔhòu jiàn zhēnqíng

술이 들어가야 진심을 말하고 술에 취하면 속마음을 내보인다.

➤ **醉中不語眞君子** zuìzhōng bù yǔ zhēn jūnzǐ
취 중 불 어 진 군 자

취중에도 말이 없는 사람이 진짜 군자이다.[71]

📖 **疾風暴雨 不入寡婦之門**
질 풍 폭 우 불 입 과 부 지 문
jífēng bàoyǔ, bùrù guǎfùzhīmén

질풍, 폭우 때라도 과부 집으로 피신하지 마라. (시빗 거리를 만들지 말라.)

➤ **一來沒惹油頭 二來莫惹光頭**
일 래 몰 야 유 두 이 래 막 야 광 두
yī lái mò rě yóutóu, èr lái mò rě guāngtóu

첫째, 창녀와 시비하는 일이 없어야 하고, 다음으로는 여승과 시비하지 말라.[72]

---

71) **吐** 토할 토.
72) **疾** 빠를 질. **惹** 이끌 야, 야기하다. **油頭** 머리에 기름 바른 여자, 창기. **光頭** 대머리, 화상, 여승.

茶來伸手, 飯來開口
차 래 신 수　반 래 개 구
chá lái shēnshǒu, fàn lái kāikǒu

차가 들어오니 손을 내밀고, 밥이 들어오니 입만 벌린다. (게으른 생활.)

➤ 飯來張口 衣來伸手
반 래 장 구　의 래 신 수
fàn lái zhāngkǒu, yī lái shēn shǒu

밥이 들어오면 입만 벌리고, 옷을 입혀주면 팔만 내민다.73)

茶煙不分賓主 chá yān bù fēn bīnzhǔ
다 연 불 분 빈 주

차와 담배는 손님과 주인의 구분이 없다.

➤ 茶三酒四游玩二 chá sān, jiǔ sì, yóuwán èr
다 삼 주 사 유 완 이

차는 셋이, 술은 넷이. 놀러갈 때는 두 사람이 가장 좋다.74)

---

73) **伸** 펼 신. **飯** 밥 반. **張** 펼 장, 벌릴 장, 크게 하다.
74) **煙** 연초, 담배. **賓** 손님 빈. **玩** 희롱할 완, 놀이.

📖 **借酒澆愁愁更愁** jièjiǔ jiāochóu chóu gèng chóu
차 주 요 수 수 경 수

술로 내 시름을 풀려하면 수심만 더 깊어진다.

➤ **多愁多病** duō chóu duō bìng
다 수 다 병

걱정이 많으면 병도 많다.[75]

📖 **倉老鼠和老鴰借糧食**
창 노 서 화 노 괄 차 량 식
cānglǎoshǔ hé lǎo guā jiè liángshí

창고에 사는 쥐가 까마귀에게서 양식을 차용하다. (자기 것을 아끼며 구두쇠 노릇을 하다.)

➤ **兎子不跟老鼠打洞** tùzǐ bù gēn lǎoshǔ dǎdòng
토 자 불 근 노 서 타 동

토끼는 쥐와 함께 굴을 파지 않는다.[76]

📖 **秋後的螞蚱 蹦躂不了幾天了**
추 후 적 마 책 붕 달 불 료 기 천 료
qiūh òu de màzhà, bēngda bù liǎo jǐtiānle

---

75) 借 빌릴 차. 澆 물댈 요. 澆愁 시름을 풀다. 更 더욱 경.
76) 鴉 까마귀 아. 跟 발뒤꿈치 근, 따라가다, ~와 함께.

늦가을의 메뚜기는 뛰어오를 날이 며칠 안 남았다.
(망할 날이 얼마 안 남았다. — 혐오의 뜻.)

➤ **秋後的蚊子咬煞人** qīuhòude wénzi yǎoshā rén
추 후 적 문 자 교 살 인

늦가을 모기는 사람을 물어 죽인다.[77]

📖 **春耕忙似火** chūngēng máng sì huǒ
춘 경 망 사 화

봄갈이를 할 때는 바쁘기가 불난 듯하다.

➤ **收麥如救火** shōu mài rú jiù huǒ
수 맥 여 구 화

보리타작은 마치 불을 끄듯 서두른다.[78]

📖 **春誤一日 秋誤十日** chūn wù yī rì, qīu wù shí rì
춘 오 일 일 추 오 십 일

봄날 하루를 망치면 가을날 열흘을 망치는 것과 같다.

---

77) **螞** 왕개미 마. **蚱** 메뚜기 책. **蹦** 뛸 봉. **蹥** 뛸 달. **蹦蹥** 뛰어오르다.
蚊 모기 문. **煞** 죽일 살.
78) **似** 같을 사, 비슷하다. **麥** 보리 맥.

➤ **春雨貴如油** chūnyǔ guì rú yóu
춘 우 귀 여 유

봄비는 식용유만큼이나 귀하다.[79]

📖 **春不動秋不收** chūn bùdòng qiū bùshōu
춘 부 동 추 불 수

봄에 일하지 않으면 가을에 거두지 못한다.

➤ **春耕早一日　秋收早十日**
춘 경 조 일 일　추 수 조 십 일
chūngēng zǎo yīrì, qiūshōu zǎo shírì

봄갈이를 하루만 빨리 하면 가을에 열흘 먼저 거둔
다.[80]

📖 **春寒凍死人** chūn hán dòng sǐ rén
춘 한 동 사 인

봄추위에 사람 얼어 죽는다.

➤ **一場秋雨一場寒** yīchǎng qiūyǔ yīchǎng hán
일 장 추 우 일 장 한

---

79) **誤** 그릇될 오, 틀리다, 어긋나다, 잘못하다.
80) **早** 이를 조, 빠르다.

가을비는 한 번 내릴 때마다 더 추워진다.[81]

📖 **鍼灸不傷人** zhēnjiǔ bù shāng rén
침 구 불 상 인

침과 뜸은 사람을 다치게 하지 않는다.

➤ **鍼是鍼 脈是脈** zhēn shì zhēn, mài shì mài
침 시 침　맥 시 맥

침은 침이고 진맥은 진맥이다.[82]

📖 **他財莫要 他馬莫騎**
타 재 막 요　타 마 막 기
tā cái mò yào, tā mǎ mò qí

남의 재물을 탐내지 말고 남의 말을 타지 말라.

➤ **他家有好女 無錢莫想她**
타 가 유 호 녀　무 전 막 상 저
tā jiā yǒu hǎo nǚ, wúqián mò xiǎng tā

남의 집에 좋은 딸이 있어도 돈이 없다면 그녀를 생각
하지 말라.[83]

---

81) 凍 얼 동. 寒 찰 한.
82) 鍼 침 침, 의료용 침. 灸 뜸 구, 약쑥을 태워 치료하기.
83) 騎 말을 탈 기. 她 큰 딸 저. 그 여자 she에 해당.

328

📖 **嘴是無底洞** zuǐ shì wú dǐ dòng
취 시 무 저 동

입은 바닥이 없는 동굴이다.

➤ **嘴無貴賤 吃倒州縣**
취 무 귀 천 흘 도 주 현
zuǐ wú guìjiàn chī dǎo zhōuxiàn

입에는 귀천이 없다. 한 고을이라도 먹어 치운다.[84]

📖 **偷的鑼兒鼓不得** tōude lúor gǔbùde
투 적 라 아 고 부 득

훔쳐온 징은 칠 수가 없다.

➤ **偷來的錢財不養家** tōu láide qiáncái bù yǎng jiā
투 래 적 전 재 불 양 가

훔친 돈으로는 가족을 부양하지 못한다.[85]

📖 **把心放在肚子裏** bǎ xīn fàng zài dùzi lǐ
파 심 방 재 두 자 리

마음을 뱃속에 넣어두다. (걱정을 하지 않다.)

---

84) **倒** 넘어질 도, 쓰러트리다. **縣** 고을 현. **陷** 빠질 함.
85) **偷** 훔칠 투. **鑼** 징 라(나). **鼓** 북 고, 북을 치다.

➤ **給寬心丸** gěi kuānxīnwán
급 관 심 환

관심환을 주다. 안심시키다.[86]

📖 **八碟八碗** bā dié bā wǎn
팔 설 팔 완

여덟 접시, 여덟 대접. (팔대팔소八大八小 ; 진수성찬珍羞
盛饌.)

➤ **朝飯要好 午飯要飽 晚飯要少**
조 반 요 호   오 반 요 포   만 반 요 소
zhāofàn yào, yāo hǎo, wǔfàn yào bǎo, wǎnfàn yào
shǎo

아침밥은 적당히, 점심은 배부르게, 저녁은 약간 적
게. (이상적인 식사.)[87]

📖 **飽嘗世味** bǎo cháng shì wèi
포 상 세 미

세상살이의 쓴맛 단맛을 다 맛보다.

---

86) **肚** 배 두. **寬心丸** 마음을 너그럽게 만드는 약, 위로의 말.
87) **碟** 접시 설. **碗** 사발 완. **飽** 배부를 포.

➢ **飽經風霜** bǎo jīng fēng shuāng
포 경 풍 상

온갖 풍상을 다 겪다.[88]

📖 **包子有肉 不在褶上** baōzi yǒu ròu bùzài zhě shǎng
포 자 유 육 부 재 습 상

만두에 고기가 들었지만 만두 주름에 있지는 않다.
(부자는 겉으로 드러내지 않는다.)

➢ **包子漏了糖** baōzi lòule táng
포 자 루 료 당

만두 속에 든 설탕이 터져 나왔다. (진상이 밝혀졌다.)[89]

📖 **飽吃蘿卜餓吃葱** bǎo chī luóbom, è chī cōng
포 흘 라 복 아 흘 총

배부를 때는 무를 먹고, 굶었을 때는 파를 먹는다.

➢ **飽了不剪頭 餓了不洗澡**
포 료 부 전 두   아 료 불 세 조
bǎole bù jiǎntóu, èle bù xǐzǎo

---

88) **飽** 배부를 포. **嘗** 맛볼 상. **風霜** 세상살이의 쓴맛.
89) **包子** : 소가 든 찐 빵, 만두(饅頭). **褶** 주름 습.

배부를 때는 이발하지 않고, 배고플 때는 목욕을 하지 않는다.[90]

📖 **夏雨隔牛背** xiàyǔ gé niúbèi
하 우 격 우 배

여름 소나기는 소의 등마다 다르다.

➤ **隔道不下雨** gé dào bù xià yǔ
격 도 불 하 우

길을 사이에 두고 비가 내리지 않다.[91]

📖 **夏至無雨 碓裏無米** xiàzhì wú yǔ, duì lǐ wú mǐ
하 지 무 우 대 리 무 미

하짓날에 비가 안 오면 디딜방아 안에 쌀이 없다.

➤ **夏至一個雨 一點值千金**
하 지 일 개 우 일 점 치 천 금
xiàzhì yīgè yǔ yīdiǎn zhí qiānjīn

하짓날 내리는 비는 한 방울이 천금과도 같다.[92]

---

90) 蘿 무 라(나), 나복(蘿卜) 무, 소화기능이 있음. 葱 파 총, 열을 내고 피로회복의 기능 있음. 剪 자를 전. 澡 씻을 조.

91) 隔 사이 뜰 격.

92) 碓 방아 대.

📖 **行善獲福 行惡得殃**

행 선 획 복　 행 악 득 앙

xíngshàn huò fú, xíng è dé yāng

좋은 일을 하면 복福을 받고 악한 짓을 하면 재앙을 받는다.

➤ **習善則善 習惡則惡** xí shàn zé shàn, xí è zé è

습 선 즉 선　 습 악 즉 악

좋은 것을 배우면 선하고, 나쁜 것을 배우면 악하다.93)

📖 **好飯不怕晩** hǎofàn bùpà wǎn

호 반 불 파 만

맛있는 요리는 좀 늦어도 좋다. (좋은 요리는 기다려도 좋다.)

➤ **趣話不嫌慢** qùhuà bùxián màn

취 화 불 혐 만

재미있는 이야기는 느리게 말해도 괜찮다.94)

---

93) **獲** 얻을 획. **殃** 재앙 앙.

94) **飯** 밥 반. **怕** 두려울 파, 염려하다. **晩** 늦을 만.

📖 **好吃不如餃子** hǎochī bùrú jiǎozi
호 흘 불 여 교 자

먹기 좋기로는 교자가 제일.

➢ **舒服不如倒着** shūfú bùrú dǎozhe
서 복 불 여 도 착

편안하기로는 누워 쉬는 게 최고. [95]

📖 **吃喝拉撒睡** chī hē lā sā shuì
흘 갈 납 살 수

먹고 마시고 똥 싸고 오줌 누고 잠자다.

➢ **吃喝嫖赌** chī hē biāo dǔ
흘 갈 표 도

먹고, 마시고, 계집질, 노름. [96]

📖 **吃白飯** chī báifàn
흘 백 반

무위도식하다. (음식에 손을 대지 않다.)

---

95) **餃** 경단 교, 만두, **蒸餃子** 찐만두, **水餃子** 물만두. **舒服** 편안하다.
96) **拉** 끌 납, 잡을 납. **撒** 부릴 살. **睡** 잠잘 수. **嫖** 매춘부 표.

➤ 吃軟飯 chī ruǎnfàn
홀 연 반

연한 밥을 먹다. (여편네 매춘으로 먹고살다.)[97]

📖 吃水不忘掘井人 chīshuǐ bùwàng juéjǐngrén
홀 수 불 망 굴 정 인

물을 마시면서 우물을 판 사람의 은혜를 잊지 않다.

➤ 要飲戈壁水 莫忘掘井人
요 음 과 벽 수　막 망 굴 정 인
yào yǐn Gēbì shuǐ, mò wàng juéjǐngrén

고비 사막에서 물을 마신다면 우물을 판 사람의 은덕
을 잊지 말라.[98]

📖 吃一頓 挨一頓 chī yīdùn ái yīdùn
홀 일 돈　애 일 돈

한 끼는 먹고, 다른 한 끼는 건너뛴다.

➤ 有上頓 沒下頓 yǒu shàng dùn, méi xià dùn
유 상 돈　몰 하 돈

---

97) 飯 밥 반. 軟 부드러운 연.
98) 掘 팔 굴. 戈壁 몽고 고비(Gebi) 사막의 음역(音譯).

앞의 끼니는 먹었지만 다음 끼니가 없다.[99]

📖 **吃好喝好 不如睡好**

홀 호 갈 호 불 여 수 호

chī hǎo hē hǎo, bù rú shuì hǎo

잘 먹고 잘 마시는 것은 잘 자는 것만 못하다.

➢ **吃人飯 下牛力** chī rén fàn, xià niúlì

홀 인 반 하 우 력

사람 밥을 먹고 소만큼 힘을 쓴다.[100]

---

99) **頓** 차례, 끼니, 멈출 돈, 꾸벅거릴 돈.

100) **睡** 잠잘 수.

제8부 사회생활에 관한 속담

見利思義 見危授命

논어(論語) 헌문(憲問)

高不成 低不就 gāo bùchéng, dī bùjiù
고 불 성 저 불 취

높은 자리는 올라갈 수 없고, 낮은 자리는 가지 않는다.

不爲五斗米折腰 bù wéi wǔ dǒu mǐ zhé yāo
불 위 오 두 미 절 요

쌀 닷 말의 녹봉 때문에 허리를 굽힐 수 없다.[1]

公是公 私是私 gōng shì gōng, sī shì sī
공 시 공 사 시 사

공은 공이고 사는 사다.

公事無兒戲 gōngshì wú érxì
공 사 무 아 희

공무는 아이 장난이 아니다.[2]

瓜子不飽是人心 guāzǐ bù bǎo shì rénxīn
과 자 불 포 시 인 심

참외 하나 먹어 배부르지는 않지만, 그게 바로 인심情이다.

---

1) **低** 낮을 저. **就** 나아갈 취. **腰** 허리 요.
2) **私** 사사로울 사, 개인.

➢ **瓜子敬客一片心** guāzǐ jìngkè yī piàn xīn
과 자 경 객 일 편 심

참외 하나로 손님을 접대해도 성의 표시이다.³⁾

📖 **官大脾氣長** guān dà píqì zhǎng
관 대 비 기 장

벼슬이 높으면 성깔도 커진다.

➢ **官大有險 樹大招風**
관 대 유 험　수 대 초 풍
guān dà yǒuxiǎn, shùdà zhāofēng

벼슬이 높으면 위험이 많고, 나무가 크면 바람을 많이
탄다.⁴⁾

📖 **官相官 吏相吏** guān xiàng guān, lì xiàng lì
관 상 관　이 상 리

고관은 고관끼리, 서리胥吏들은 서리끼리 논다.

➢ **官無盜不活 盜無官不行**
관 무 도 불 활　도 무 관 불 행
guān wú dào bù huó, dào wú guān bù xíng

---

3) **人心** 정의(情意). **敬客** 손님을 접대하다.
4) **脾** 지라 비. **脾氣** 성질, 성벽(性癖). **險** 험할 험.

관리가 도둑질을 안 하면 살 수가 없고, 관리가 없다면 도적도 없다.[5]

📖 **官敗如花謝** guānbài rú huāxiè
관 패 여 화 사

관리의 몰락은 꽃이 지는 것과 같다.

➤ **官不修衙, 客不修店**
관 불 수 아   객 불 수 점
guān bù xiū yá, kè bù xiū diàn

관리는 관아를 고치지 않고, 나그네는 여관을 고치지 않는다.[6]

📖 **壞蛋有子有孫** huàidàn yǒuzǐ yǒusūn
괴 단 유 자 유 손

나쁜 놈도 아들 손자를 둔다.

➤ **稗草有根有籽** bàicǎo yǒugēn yǒuzǐ
패 초 유 근 유 자

피도 뿌리가 있고 씨앗을 퍼뜨린다.[7]

---

5) **吏** 벼슬아치 리(이). 하급 관리에 대한 통칭.
6) **謝** 물러날 사, 꽃이 지다. **衙** 마을 아, 관아 아.

狗戴帽子裝人 gǒu dài màozi zhuāng rén

구 대 모 자 장 인

개가 모자를 쓰고서 사람인 척한다.

➤ **狗戴上帽子也吃屎**

구 대 상 모 자 야 흘 시

gǒu dàishàng màozi yě chī shī

개가 모자를 써도 역시 똥을 먹는다. (악인의 본색은
감출 수 없다.)[8]

久聞大名 如雷灌耳 jiǔwén dàmíng rú léi guàněr

구 문 대 명 여 뢰 관 이

존함은 오래 전에 천둥소리 듣듯 들었습니다. (처음
만날 때 건네는 상투적인 인사말.)

➤ **聽君一席話 勝讀十年書**

청 군 일 석 화 숭 독 십 년 서

tīng jūn yīxíhuà, shèng dú shínián shū

당신의 말씀을 한 번 들은 것이 제가 10년 공부한 것보
다 낫습니다. (과장된 칭찬 인사.)[9]

---

7) **壞** 무너질 괴. **蛋** 새알 단. **壞蛋** 나쁜 놈, 악인(惡人). **稗** 피 패,
벼와 매우 비슷한 잡초. **籽** 씨앗 자.
8) **戴** 머리에 일 대, 모자를 쓰다.

狗顚屁股 gǒu diān pìgǔ
구 전 비 고

개가 궁둥이를 흔들다. (아부하다.)

給人擦屁股 gěi rén cā pìgǔ
급 인 찰 비 고

다른 사람의 엉덩이를 씻어 주다. (더럽게 아부하다.)[10]

君子以謙退爲禮 jūnzǐ yǐ qiāntuì wéi lǐ
군 자 이 겸 퇴 위 례

군자는 겸손히 물러서는 것으로 예를 행한다.

滿招損 謙受益 mǎn zhāo sǔn, qiān shòu yì
만 초 손   겸 수 익

교만하면 손해를 보고, 겸손하면 이익이 있다.[11]

窮不與富鬪 富不與官鬪
궁 불 여 부 투   부 불 여 관 투
qióng bù yǔ fù dòu, fù bù yǔ guān dòu

---

9) 聞 들을 문. 灌 물댈 관. 勝 ~보다 낫다.

10) 屁 방귀 비. 股 넓적다리 고, 비고(屁股), 엉덩이. 擦 비빌 찰.

11) 謙 겸손할 겸.

가난뱅이는 부자와 싸우지 말고, 부자는 관리와 다투지 말라.

➤ **窮不鬪財 富不鬪勢**
　궁 불 투 재　　부 불 투 세
　qióng bù dòu cái, fù bù dòu shì

가난한 사람은 재력가와 싸우지 말고, 부자는 세력가와 맞서지 말라.[12]

📖 **貴易交 富易妻** guì yì jiāo fù yì qī
　귀 역 교　부 역 처

벼슬을 하면 교우交友를 바꾸고, 부자가 되면 아내를 바꾼다.

➤ **貴人多忙事** guìrén duō máng shì
　귀 인 다 망 사

귀인은 잊어버리는 일이 많다.[13]

📖 **跟誰跟學** gēn shuí gēn xué
　근 수 근 학

---

12) **窮** 가난할 궁. **與** 더불어 여. **鬪** 싸울 투.
13) **易** 바꿀 역, 쉬울 이.

누굴 따라다니느냐에 따라 그 사람을 따라 배운다.

➤ **跟着巫婆學跳神** gēnzhe wūpó xué tiàoshén
근 착 무 파 학 도 신

무당을 따라다니면 굿하는 것을 배운다.[14]

📖 **跟着龍王吃賀雨** gēnzhe lóngwáng chī hèyǔ
근 착 용 왕 흘 하 우

용왕을 따라다니면 기우제 차린 것을 먹는다.

➤ **跟着黃鼠狼學偸鷄**
근 착 황 서 랑 학 투 계
gēnzhe huángshǔláng xué tōu jī

족제비를 따라다니면 닭 훔치는 법을 배운다.[15]

📖 **寧求百隻羊 不求一條狼**
영 구 백 척 양 불 구 일 조 랑
nìng qiú bǎizhīyáng, bù qiú yītiáo láng

차라리 백 마리의 양을 구할지라도 한 마리 늑대를
구하지 말라.

---

14) 跟 발뒤꿈치 근, 따라가다. 誰 누구 수. 跳 뛸 도.
15) 鼠 쥐 서. 偸 훔칠 투.

344

➢ 寧給好人牽馬 不和壞人同卓
영 급 호 인 견 마　　불 화 괴 인 동 탁
nìng gěi hǎorén qiānmǎ, bù hé huàirén tóng zhuō

차라리 착한 사람의 마부가 될지언정 나쁜 사람과는
같은 식탁에 앉지 말라.16)

📖 你有我有 就是朋友 nǐyǒu wǒyǒu, jiù shì péngyou
이 유 아 유　 취 시 붕 우

너도 있고 나도 있으니 우린 서로 친구이다.

➢ 你中有我 我中有你
이 중 유 아　　아 중 유 니
nǐ zhōng yǒu wǒ, wǒ zhōng yǒunǐ

네 안에 내가 있고, 내 안에 네가 있다.17)

📖 對什麼人說什麼話
대 십 마 인 설 십 마 화
duì shénme rén shuō shé nme huà

그런 사람에게는 그런 말을 하라. (상대에 맞는 말을
해야 한다.)

---

16) 隻 새 한 마리 척, 배, 새 등을 세는 단위. 狼 늑대 랑.
17) 你 너 니(이).

> **遇狗打狗 逢狼獵狼**
우 구 타 구 봉 랑 엽 랑
yù gǒu dǎ gǒu, féng láng liè láng

개를 만나면 개를 잡고, 승냥이를 만나면 승냥이를
사냥한다.[18]

📖 **大匠之門無拙工** dàjiàng zhī mén wú zhuōgōng
대 장 지 문 무 졸 공

훌륭한 기술자의 문하에 우둔한 기술자 없다.

> **大匠不持斧** dàjiàng bù chí fǔ
대 장 부 지 부

최고 기술자는 직접 도끼를 들지 않는다.[19]

📖 **大虫不吃伏肉** dàchóng bùchī fúròu.
대 충 불 흘 복 육

호랑이는 엎드린 짐승을 잡아먹지 않는다.

> **大虫吃小虫** dàchóng chī xiǎochóng
대 충 흘 소 충

---

18) **遇** 만날 우. **獵** 사냥할 엽(렵).
19) **匠** 장인 장, 기술자. **拙** 졸렬할 졸, 서투르다. **斧** 도끼 부.

346

큰 호랑이는 작은 호랑이를 잡아먹는다.[20]

📖 **賭近盜 淫近殺** dǔ jìn dào, yín jìn shā
　　도 근 도　　음 근 살

도박하다보면 도둑질, 계집질하다보면 살인하게 된다.

➢ **賭錢場上無父子** dǔqián chǎngshang wú fùzǐ
　　도 전 장 상 무 부 자

노름판에 아버지와 아들 없다.[21]

📖 **道不同 不相爲謀** dào bùtóng, bù xiāng wéi móu
　　도 부 동　　불 상 위 모

추구하는 바가 다르다면 일을 같이 하지 말라.

➢ **道不相同 不與爲伍**
　　도 불 상 동　　불 여 위 오
　　dào bù xiāng tóng, bù yǔ wéiwǔ

도道가 같지 않다면 모임을 같이 하지 말라.[22]

---

20) **大蟲** 호랑이, 노호(老虎). **吃** 먹을 흘. **伏** 엎드릴 복, 굴복하다.
21) **淫** 음란할 음, 음란한 행위.
22) **道** 정치적 견해, 추구하는 목표 등. **伍** 5인 부대 오, 동료.

📖 **東邊不會西邊會** dōngbian bù huì, xībian huì
동 변 불 회 서 변 회

동쪽에서 못 보면 서쪽에서 본다.

➤ **同僚三世親** tóngliáo sān shì qīn
동 료 삼 세 친

직장 동료는 전생의 3세에 걸친 친척이다.[23]

📖 **同病相憐 同憂相救**
동 병 상 련 동 우 상 구
tóng bìng xiāng lián, tóng yōu xiāng jiù

같은 병에 서로 안타까워하며, 같은 걱정에 서로 돕다.

➤ **同生死 共患難** tóng shēngsǐ, gòng huànnàn
동 생 사 공 환 난

생사와 환난을 같이하다.[24]

📖 **得人一牛 還人一馬** dé rén yīniú, hái rén yīmǎ
득 인 일 우 환 인 일 마

타인에게서 소 한 마리 받았으면, 그에게 말 한 마리로
갚아야 한다.

---

23) **僚** 벗 료.
24) **憐** 불쌍히 여길 련(연). **憂** 근심할 우.

➤ **薄禮强失禮** bólǐ qiáng shīlǐ
박 례 강 실 례

변변치 못한 예물이라도 결례하는 것보다 낫다. 25)

📖 **無官不貪 無商不奸**
무 관 불 탐　무 상 불 간
wú guān bùtān, wú shāng bùjiān

탐욕 없는 관리 없고, 거짓말 안 하는 상인 없다.

➤ **無官不愛財 無兵不貪色**
무 관 불 애 재　무 병 불 탐 색
wú guān bù àicái, wú bīng bù tānsè

재물을 싫어하는 관리 없고, 여색을 탐하지 않는 병졸
없다. 26)

📖 **帮人帮到底** bāngrén bāng dào dǐ
방 인 방 도 저

사람을 도와주려면 끝까지 도와야 한다.

➤ **帮人要帮心 帮心要热情**
방 인 요 방 심　방 심 요 열 정
bāng rén yào bāng xīn, bāng xīn yào rèqíng

---

25) 還 되돌려주다. 薄 엷을 박. 薄禮 = 薄儀 = 薄謝 = 薄意.
26) 奸 간사할 간.

사람을 도우려면 마음으로 도와야 한다. 마음으로 도
우려면 열정이 있어야 한다.[27]

百萬買宅 千萬買隣
백만매택 천만매린
băiwàn măi zhái qiānw àn măi lín

집은 백만금을 주고 사지만 이웃은 천만금을 주고 산다.

百金買駿馬 千金買美人
백 금 매 준 마   천 금 매 미 인
băijīn măi jùnmă qiānjīn măi měirén

일백 금으로는 준마를 사고, 천금으로는 미인을 손에
넣을 수 있다.[28]

婦女能頂半邊天 fùnǔ néngdǐng bànbiāntiān
부 녀 능 정 반 변 천

여자가 하늘의 절반을 떠받치고 있다.

離了婦女沒吃穿 lí liǎo fùnǔ méi chīchuān
이 료 부 녀 몰 흘 천

여자가 없다면 먹고 입을 것이 없다.[29]

---

27) 幫 도울 방.
28) 買 살 매. 隣 이웃 린. 駿 준마 준.

📖 **富在深山有遠親** fù zài shēnshān yǒu yuǎnqīn
부 재 심 산 유 원 친

부자는 깊은 산 속에 살아도 먼 친척이 찾아온다.

➤ **貧居鬧市無人問** pín jū nàoshì wú rénwèn
빈 거 뇨 시 무 인 문

가난뱅이는 저잣거리에 살아도 인사하는 사람이 없다.[30]

📖 **不看僧面看佛面** bùkàn sēngmiàn, kàn fómiàn
불 간 승 면 간 불 면

스님 체면은 봐주지 않더라도 부처님 체면은 세워줘야 한다.

➤ **進了廟 屬和尚** jìnle miào shǔ héshàng
진 료 묘　속 화 상

절에 들어가면 화상의 말을 들어야 한다.[31]

📖 **不打不相識** bù dǎ bù xiāngshí
불 타 불 상 식

---

29) 頂 정수리 정, 머리로 받치다, 지탱하다. 穿 입을 천, 뚫다, 구멍.
30) 鬧 시끄러울 뇨(료).
31) 屬 엮을 속, 부류, ~에 귀속하다.

싸워보지 않으면 서로를 잘 알지 못한다.

➤ **不打不罵不成人** bù dǎ bù mà bù chéng rén
불 타 불 매 불 성 인

때리고 욕을 하지 않으면 사람이 되지 않는다.[32]

📖 **朋友多 福氣多** péngyou duō, fúqì duō
봉 우 다　복 기 다

친구가 많으면 복도 많다.

➤ **朋友相交 貴在知心**
봉 우 상 교　귀 재 지 심
péngyou xiāng jiāo, guì zài zhīxīn

붕우간 교제에서는 서로의 마음을 알아주는 것이 중
요하다.[33]

📖 **朋友有通財之義** péngyou yǒu tōng cái zhī yì
봉 우 유 통 재 지 의

붕우朋友 사이에는 서로 재물을 유무상통하는 의리가
있다.

---

32) **打** 때릴 타, 싸우다. **相識** 서로 알다, 상대를 이해하다.
33) **福氣** 복, 행운, 유복하다.

➢ **好朋友清算賬** hǎo péngyou qīng suàn zhàng
호 붕 우 청 산 장

좋은 친구는 계산이 분명하다.[34]

📖 **朋友勸酒不勸色** péngyou quànjiǔ bù quànsè
붕 우 권 주 불 권 색

친구끼리 술은 권하더라도 여색을 권하지는 않는다.

➢ **人在人情在** rén zài rénq íng zài
인 재 인 정 재

사람이 살아야 인정도 있다.[35]

📖 **比鷄罵狗** bǐ, bì jī mà gǒu
비 계 매 구

닭을 빗대어 개를 욕하다.

➢ **指桑樹罵槐樹** zhī sāngshù mà huáishù
지 상 수 매 괴 수

뽕나무를 가리키면서 홰나무를 욕하다.[36]

---

34) 賬 치부책 장, 빚.

35) 色 여색(女色), 성욕(性慾).

36) 鷄 닭 계. 罵 욕할 매. 桑 뽕나무 상. 槐 회화, 홰나무 괴.

📖 **備席容易請客難** bèixí róngyì qǐngkè nán
비 석 용 이 청 객 난

술자리 마련하기야 쉽지만, 손님 청하기가 어렵다.

➢ **請神容易送神難** qǐngshén róngyì sòngshén nán
청 신 용 이 송 신 난

귀신을 부르기야 쉽지만 보내기는 어렵다.[37]

📖 **貧賤親戚離 富貴他人合**
빈 천 친 척 리　부 귀 타 인 합
pínjiàn qīnqi lí, fùguì tārén hé

빈천하면 친척도 떠나지만 부귀하면 남도 다가온다.

➢ **好隣勝遠親** hǎolín shèng yuǎnqīn
호 린 승 원 친

좋은 이웃이 먼 친척보다 좋다.[38]

📖 **死老虎人人打** sǐ lǎohū rén rén dǎ
사 노 호 인 인 타

죽은 호랑이는 누구나 때린다.

---

37) **備** 갖출 비. **難** 어려울 난. **送** 보낼 송.
38) **戚** 겨레 척, 슬플 척. **離** 떠날 리. **隣** 이웃 린.

➤ **墙倒衆人推** qiángdǎo zhòngrén tuī
장 도 중 인 추

담이 무너지려 하니 여럿이 밀어댄다.[39]

📖 **山有山主 水有水霸**
산 유 산 주　수 유 수 패
shān yǒu shān zhǔ, shuǐ yǒu shuǐ bà

산에는 산의 우두머리가, 물에는 물길을 쥔 주먹이
있다.

➤ **山中無老虎 猴子稱大王**
산 중 무 노 호　후 자 칭 대 왕
shān zhōng wú lǎohū hóuzǐ chēng dàwáng

호랑이 없는 산에서는 원숭이가 대왕이라 칭한다.[40]

📖 **賞必遠 罰先近** shǎng bì yuǎn, fá xiān jìn
상 필 원　벌 선 근

상은 관계가 먼 사람부터 주고, 벌은 가까운 사람부터
줘야 한다.

➤ **賞必行 罰必信** shǎng bì xíng, fá bì xìn
상 필 행　벌 필 신

---

39) **墙** 담 장(牆)과 同字. **倒** 넘어질 도. **推** 밀 추.
40) **霸** 으뜸 패, 우두머리, 패(覇)의 俗字. **猴** 원숭이 후.

상을 꼭 주어야 하고, 벌은 반드시 신뢰를 받을 수 있어야 한다.[41)]

📖 **鋤一惡 長十善** chú yī è, zhǎng shí shàn
서 일 악　　장 십 선

하나의 악을 제거하면 열 개의 선이 자란다.

➤ **善神相遇 惡神遠去**
선 신 상 우　악 신 원 거
shànshén xiāngyù èshén yuǎn qù

착한 신이 서로 만나니 악신은 멀리 사라진다.[42)]

📖 **雪裏送炭 三伏送扇** xuěli sòngtàn, sānfú sòng shàn
설 리 송 탄　삼 복 송 선

눈이 내리면 숯을 보내고, 삼복에는 부채를 선물하다.

➤ **雪中送炭眞君子** xuě zhōng sòng tàn zhēn jūnzǐ
설 중 송 탄 진 군 자

눈이 올 때 숯을 선물하는 사람이 참된 군자이다.[43)]

---

41) 罰 처벌, 벌을 주다.
42) 鋤 호미 서, 김매다, 제거하다.
43) 扇 부채 선. 送炭 숯을 보내주다, 역경에 처한 사람을 돕다.

📖 **世亂出英雄** shìluàn chū yīngxióng
세 란 출 영 웅

세상이 어지러우면 영웅이 출현한다.

➤ **世亂識忠臣** shìluàn shí zhōngchén
세 란 식 충 신

난세에야 충신을 알 수 있다.[44]

📖 **小人道長 君子道消**
소 인 도 장 　 군 자 도 소
xiǎorén dàozhǎng, jūnzǐ dào xiāo

소인의 도가 크면 군자의 도는 줄어든다.

➤ **小人永年就君子不壽**
소 인 영 년 취 군 자 불 수
xiǎorén yǒngnián jiù jūnzǐ bù shòu

소인이 오래 산다면 군자는 장수할 수 없다.[45]

📖 **小人得志 狼如狼虎** xiǎorén dézhì, hěnrú lánghū
소 인 득 지 한 여 낭 호

소인이 자리를 차지하면 이리나 호랑이보다 더 사납다.

---

44) **識** 알 식.
45) **消** 사라질 소.

➢ **不怕判官怕鬼卒** bù pà pàn guān pà guǐ zú
불 파 판 관 관 파 귀 졸

지옥의 판관보다 귀졸이 더 무섭다.[46]

📖 **小人逐末 君子務本**
소 인 축 말 군 자 무 본
xiǎorén zhú mò, jūnzǐ wù běn

소인小人은 작은 일에 집착하지만 군자君子는 근본에
충실 한다.

➢ **小人自大 小水聲大**
소 인 자 대 소 수 성 대
xiǎorén zì dà, xiǎoshuǐ shēng dà

소인은 스스로 잘났다 하고 작은 물이 큰 소리를 낸
다.[47]

📖 **手中無糧 心裏發慌**
수 중 무 량 심 리 발 황
shǒuzhōng wúliáng, xīnlǐ fāhuāng

수중에 양식이 없으면 마음은 불안하기만 하다.

---

46) **怕** 두려워할 파.
47) **逐** 쫓을 축, 뒤쫓아가다.

➢ **手裏有錢腰根壯** shǒu lǐ yǒu qián yāo gēn zhuàng
수 리 유 전 요 근 장

손안에 돈이 있으면 허리에 힘이 생긴다.[48]

📖 **神仙下凡問土地** shénxian xiàfán wèn tǔdi
신 선 하 범 문 토 지

신선이 인간세계에 내려오면 토지신에게 묻는다.

➢ **神仙自有神仙樂** shénxian zì yǒu shénxian lè
신 선 자 유 신 선 락

신선들에게는 신선의 즐거움이 있다.[49]

📖 **十里不同風 百里不同俗**
십 리 부 동 풍　백 리 부 동 속
shílǐ bù tóng fēng, bǎi lǐ bù tóng sú

십 리에 바람 다르고, 백 리에 습속이 다르다.

➢ **人心不同 各如其面** rénxīn bù tóng, gè rú qí miàn
인 심 부 동　각 여 기 면

사람 얼굴이 각자 다르듯 사람 마음 역시 다르다.[50]

---

48) **慌** 다급할 황. **腰** 허리 요.
49) **土地** : 농촌의 토지신(土地神), 마을의 가장, 下級 神, 평범한 노부부의
모습이다.

📖 **惡人自有惡人磨** èrén zìyǒu èrén mó
악 인 자 유 악 인 마

악인은 악인에게 시련을 당한다.

➤ **草怕霜來 霜怕日**
초 파 상 래　상 파 일
cǎopà shuāng lái, shuāng pà rì

풀은 서리 내릴까 걱정하고, 서리는 해가 날까 걱정한
다.51)

📖 **兩脚莫踏兩頭船** liǎngjiǎo mò tà liǎngtóu chuán
양 각 막 답 양 두 선

두 다리로 양쪽 배를 밟다. (양다리를 걸치다.)

➤ **一脚門裏 一脚門外** yī jiǎo ménlǐ yī jiǎo ménwài
일 각 문 리　일 각 문 외

한 발은 대문 안에, 다른 한 발은 대문 밖에.52)

📖 **楊樹頭 隨風倒** yángshùtóu, suí fēng dǎo
양 수 두　수 풍 도

---

50) 風 풍속, 습관.
51) 惡 사나울 악. 磨 갈 마, 귀찮게 굴다. 霜 서리 상.
52) 脚 다리 각.

버드나무 가지는 바람에 따라 흔들린다.

> **墙頭草 風吹兩邊倒**
> 장 두 초 풍 취 양 변 도
> qiángtóucǎo fēng chuī liǎngbiān dǎo

담 위의 풀은 바람이 불면 이쪽저쪽으로 눕는다.[53]

📖 **兩人穿一條連襠褲**
양 인 천 일 조 연 당 고
liǎngrén chuān yītiáo liándāngkù

두 사람이 하나의 통바지를 입다. (한 통속이 되다.)

> **穿青衣抱黑柱** chuān qīng yī bào hēi zhù
> 천 청 의 포 흑 주

검푸른 옷을 입고 검은 기둥을 껴안다. (이해가 일치
하다.)[54]

📖 **魚離水 草離根** yú lí shuǐ, cǎo lí gēn
어 리 수 초 리 근

고기가 물을 떠났고, 풀의 뿌리가 떨어졌다.

----

53) 楊 버드나무 양. 隨 따를 수. 倒 넘어질 도. 墙 담 장.
54) 襠 잠방이 당. 褲 바지 고. 連襠褲 어린이가 입는 바지.

➤ **魚去吞餌上了鉤** yú qù tūn ěr shàng ie gōu
어 거 탄 이 상 료 구

물고기는 미끼를 먹으려다 낚시에 걸린다.[55]

📖 **魚幫水 水幫魚** yú bāng shuǐ, shuǐ bāng yú
어 방 수 수 방 어

물고기는 물에 살고, 물은 고기를 돕는다.

➤ **魚靠水 鳥靠樹** yú kào shuǐ, niǎo kào shù
어 고 수 조 고 수

고기는 물에 의지하고 새는 나무에 의지한다.[56]

📖 **閻王廟裏鬼多** Yánwangmiào li guǐ duō
염 왕 묘 리 귀 다

염라대왕 묘당에는 잡귀가 많다.

➤ **閻王不收屈死鬼** Yánwang bùshōu qūsǐguǐ
염 왕 불 수 굴 사 귀

염라대왕도 억울하게 죽은 귀신은 잡아가지 않는다.[57]

---

55) **吞** 삼킬 탄. **餌** 먹이 이, 미끼. **鉤** 갈고리 구, 낚싯바늘.
56) **幫** 도울 방, 패거리, 집단, 비밀 결사방(幇)과 同字. **靠** 의지할 고.

362

📖 閻王好作 小鬼難當
염 왕 호 작　소 귀 난 당
Yánwang hǎo zuò, xiǎoguǐ nándāng

염라대왕이야 할 만하지만 잡귀 노릇은 못해 먹겠다.

➤ 閻王開店 鬼都不上門
염 왕 개 점　귀 도 불 상 문
Yánwang kāidiàn guǐ dōu bù shàngmén

염라대왕이 점포를 여니 잡귀들은 얼씬도 안 한다.[58]

📖 寧當英雄馬 莫當財主狗
영 당 영 웅 마　막 당 재 주 구
nìng dāng yīngxióng mǎ, mò dāng cáizhǔ gǒu

차라리 영웅의 말과 대적할지언정 부자의 개와는 맞
서지 말라.

➤ 有錢人家的看門狗
유 전 인 가 적 간 문 구
yǒuqián rénjiàė dė kànmén gǒu

돈 있는 집 대문을 지키는 개. (재물에 빌붙어먹는
사람.)[59]

---

57) 屈 굽을 굴, 굽히다. 屈死 억울하게 죽다.
58) 難 어려울 난. 都 모두 도.

📖 **禮下于人 必有所求** lǐ xià yú rén, bìyǒu suǒqiú
예 하 우 인　필 유 소 구

타인에게 예물을 보낸다면 틀림없이 얻으려는 것이
있다.

➤ **禮多必詐** lǐ duō bì zhà
예 다 필 사

지나치게 예의를 차리면 틀림없이 속임수가 있다.[60]

📖 **王八配烏龜 跳蚤配臭虫**
왕 팔 배 오 구　도 조 배 취 충
wángba pèi wūguī, tiàozao pèi chòuchóng

망나니는 개 같은 놈과, 벼룩은 빈대와 짝을 한다.

➤ **蒼蠅專找臭狗屎** cāngyíng zhuān zhǎo chòu gǒushī
창 승 전 조 취 구 시

파리는 오직 냄새나는 개똥만 찾아간다.[61]

---

59) **寧** 차라리 ~하지 말다. **與** 더불어 여. **財主** 갑부.

60) **詐** 속일 사.

61) **王八** 망나니. **烏龜** 창녀집 주인. 마누라 몸을 팔아 먹고사는 놈.
　　跳蚤 벼룩. **臭虫** 빈대. **蒼蠅** 파리.

📖 **用人容易識人難** yòngrén róngyì shí rén nán
용 인 용 이 식 인 난

사람을 쓰기는 쉽지만 사람을 알기가 어렵다.

➤ **疑人不用 用人不疑**
의 인 불 용 용 인 불 의
yí rén bù yòng, yòngrén bù yí

의심스러운 사람이라면 등용하지 말라. (썼다면 의심
하지 말라.)[62]

📖 **爲人不一樣 各走一條經**
위 인 불 일 양 각 주 일 조 경
wéirén bù yīyàng, gè zǒu yītiáo jīng

사람 됨됨이는 같지 않으니, 각자 자기 갈 길을 간다.

➤ **又想當嫖子 又想立牌坊**
우 상 당 표 자 우 상 입 패 방
yòuxiǎng dāng piáozǐ, yòu xiǎng lì páifāng

기생처럼 놀고도 싶고, 열녀문도 세우고 싶다. (나쁜
짓도 하고, 칭송도 받고 싶다!)[63]

---

62) **識** 알 식. **疑** 의심할 의.

63) **嫖** 음란할 표, 계집질하다.

📖 **有錢可以通神** yǒu qián kěyǐ tōngshén
유 전 가 이 통 신

돈이 있으면 귀신과도 통할 수 있다.

➤ **有錢就有權** yǒu qián jiù yǒu quán
유 전 취 유 권

돈이 있어야 권한도 있다.[64]

📖 **有錢萬事足** yǒu qián wàn shì zú
유 전 만 사 족

돈이 있으면 모든 것이 넉넉하다.

➤ **有錢卽生 無錢卽死**
유 전 즉 생   무 전 즉 사
yǒu qián jí shēng, wú qián jí sǐ

돈이 있으면 살고 돈이 없으면 죽는다.[65]

📖 **有錢的王八坐上座**
유 전 적 왕 팔 좌 상 좌
yǒuqiánde wángba zuò shàngzuò

---

64) 權 저울 추 권, 권력, 임기응변.

65) 卽 곧 즉.

못된 건달도 돈이 있으면 상석에 앉는다.

➤ **手中有權 神仙來拜年**
수 중 유 권　신 선 래 배 년
shǒuzhōng yǒuquán, shénxiān lái bàinián

손에 권력을 쥐고 있으면 신선도 세배하러 온다.[66]

📖 **有錢花在刀刃兒上** yǒuqián huā zài dāorènr shang
유 전 화 재 도 인 아 상

돈은 위급할 때 써야 한다.

➤ **有錢買餅當街咬** yǒuqián mǎibǐng dāngjiē yǎo
유 전 매 병 당 가 교

내 돈으로 산 떡을 거리에서 먹어도 괜찮다.[67]

📖 **人心隔肚皮 虎心隔毛皮**
인 심 격 두 피　호 심 격 모 피
rénxīn gé dùpí, hūxīn gé máopí

사람 마음은 뱃속에 있고 호랑이 마음은 가죽 안에
있다.

---

66) **坐** 자리에 앉다. **座** 자리, 좌석. **拜年** 세배.
67) **花** 돈을 쓰다. **刀刃** 칼 날, 위급할 때. **咬** 깨물 교, 먹다.

➢ **人心隔肚皮 你我兩不知**
  인 심 격 두 피 이 아 양 부 지
  rénxīn gé dùpí, nǐ wǒ liǎng bùzhī

  사람 마음은 뱃속에 있으니 너와 나 둘 다 모른다.[68]

📖 **人心日夜轉 天變一時辰**
  인 심 일 야 전 천 변 일 시 진
  rénxīn rìyè zhuàn, tiān biàn yīshí chén

  인심은 밤낮으로 변하고, 날씨는 시간마다 변한다.

➢ **川流不息** chuān liú bù xī
  천 류 불 식

  냇물은 쉬지 않고 흐른다. (인정, 세태는 계속 바뀐다.)[69]

📖 **人愛富的 狗咬窮的** rénài fùde, gǒu yǎo qió ngde
  인 애 부 적 구 교 궁 적

  사람은 부자를 좋아하고 개는 가난뱅이를 문다.

➢ **人愛有錢人 狗愛屙屎漢**
  인 애 유 전 인 구 애 아 시 한
  rén ài yǒuq ián rén, gǒu ài ēshīhàn

---

68) **隔** 사이가 뜰 격, 벌어지다. **肚** 배 두. **肚皮** 뱃가죽, 배(腹).
69) **轉** 구를 전, 바뀌다. **辰** 때 진, 날 신. **樣** 모양 양. **息** 쉴 식.

368

사람은 부자를 좋아하고, 개는 똥 누는 놈을 좋아한다.[70]

📖 **人情薄如紙 恩義皆糞土**
　인 정 박 여 지　은 의 개 분 토
　rénqíng báo rú zhǐ, ēnyì jiē fèntǔ

인정은 종이처럼 얇고, 은혜와 의리란 모두 하찮은 것이다.

➤ **人情淡如水 世路本來難**
　인 정 담 여 수　세 로 본 래 난
　rénqíng dàn rú shuǐ, shìlù běnlái nán

인정은 맹물과도 같고, 세상살이란 본디 힘든 것이다.[71]

📖 **一家富貴千家怨** yī jiā fùguì qiānjiā yuàn
　일 가 부 귀 천 가 원

한 집의 부귀는 일천 집의 원망.

➤ **一家富難顧三家窮** yī jiā fù nán gù sān jiā qióng
　일 가 부 난 고 삼 가 궁

---

70) 富的 부자. 窮的 가난뱅이. 咬 깨물 교. 屙 뒷간에 갈 아.
71) 薄 엷을 박. 糞土 더러운 흙, 하찮은 것. 淡 묽을 담.

한 집이 부자라도 이웃집의 가난을 도와주지 않는다.[72]

📖 **一犬吠形 百犬吠聲**
일 견 폐 형　백 견 폐 성
yīquǎn fèixíng, bǎiquǎn fèishēng

한 마리 개가 그림자를 보고 짖으면 모든 개들이 따라 짖는다.

➤ **一人傳虛 萬人傳實**
일 인 전 허　만 인 전 실
yīrén chuán xū, wànrén chuán shí

한 사람이 거짓을 전하면 만 명의 사람이 사실이라며 퍼뜨린다.[73]

📖 **一塊石頭砸一筐鷄蛋**
일 괴 석 두 잡 일 광 계 단
yī kuài shítou zá yī kuāng jīdàn

돌멩이 하나가 계란 한 광주리를 깨뜨리다.

---

72) **顧** 돌아볼 고.
73) **吠** 짖을 폐.

➤ **一物降一物 鹵水降豆腐**
일 물 강 일 물 노 수 강 두 부
yīwù xiáng yīwù, lǔshuǐ xiáng dòufǔ

한 물건이 다른 하나를 제압하고, 간수가 두부를 굳힌다.[74]

📖 **一方水土養一方人** yīfāng shuǐtǔ yǎng yīfāng rén
일 방 수 토 양 일 방 인

그곳 풍토는 그곳 사람을 길러낸다.

➤ **一座山頭一隻虎** yī zuò shāntóu yī zhī hū
일 좌 산 두 일 척 호

산 하나에 호랑이 한 마리. (그 지역 토착세력.)[75]

📖 **一山不藏二虎** yīshān bù cáng èr hū
일 산 부 장 이 호

한 산에 두 호랑이가 있을 수 없다.

➤ **二虎相爭 必有一傷**
이 호 상 쟁 필 유 일 상
èrhǔ xiāngzhēng bì yǒu yī shāng

---

74) **石頭** 돌. **砸** 칠 잡, 깨뜨리다. **鹵** 소금 노, 두부를 엉기게 하는 간수.
75) **座** '좌석'이란 뜻은 없고 山을 세는 量詞임.

호랑이 두 마리가 싸우면 반드시 한 마리는 다친다.[76)]

📖 **一歲主 百歲奴** yīsuì zhǔ, bǎisuì nú
일 세 주 백 세 노

한 살이라도 주인은 주인이고, 백 살이라도 종은 종이다.

➢ **一歲是男 百歲是女**
일 세 시 남 백 세 시 녀
yīsuì shì nán bǎisuì, bǎisuì shì nǚ

한 살이라도 남자이지만, 백 살에도 여자는 여자이다. (남성 우월주의의 표현.)[77)]

📖 **一人不過二人智** yīrén bùguò èrrénzhì
일 인 불 과 이 인 지

한 사람의 지혜는 두 사람의 꾀를 따라가지 못한다.

➢ **人多知慧多** rén duō zhīhuì duō
인 다 지 혜 다

사람이 많아야 지혜도 많다.[78)]

---

76) **藏** 감출 장.
77) **歲** 해 세, 나이.
78) **慧** 슬기로울 혜.

📖 **一人有福牽帶屋** yīrén yǒufú qiāndài wū
일 인 유 복 견 대 옥

한 사람 복에 온 집안이 덕을 본다.

➤ **一人得道 鷄犬昇天** yīrén dédào, jīquǎn shēngtiān
일 인 득 도 계 견 승 천

사람이 득도하니 그 집의 닭과 개도 승천한다.[79]

📖 **一人作官 福及三代** yīrén zuòguān, fú jí sān dài
일 인 작 관 복 급 삼 대

한 사람이 벼슬하니 복이 3대에 미친다.

➤ **一人當官 八親霑光**
일 인 당 관 팔 친 점 광
yīrén dāngguān, bāqīn zhānguāng

한 사람이 벼슬하니 8촌까지 영광이다.[80]

📖 **一朝進衙門 一生爲官人**
일 조 진 아 문 일 생 위 관 인
yī zhāo jìn yámén, yīshēng wéi guānrén

어느 날 관청의 문에 들어서면 평생 관리로 산다.

---

79) 牽 끌 견, 당기다. 帶 띠 대, 인도하다, 이끌다.
80) 霑 젖을 점.

➤ **官府不打送禮人** guānfǔ bùdǎ sòng lǐ rén
관 부 불 타 송 례 인

관청에서는 예물을 보내는 사람을 때리지 않는다.[81]

📖 **賊偷一更 防賊一夜**
적 투 일 경　방 적 일 야
zéi tōu yīgēng, fáng zéi yī yè

도적은 잠깐 왔다가지만 도적을 지키려면 밤을 새워야
한다.

➤ **賊不打貧人家** zéi bù dǎ pínrén jiā
적 불 타 빈 인 가

도적도 가난한 사람의 집은 털지 않는다.[82]

📖 **錢多好辦事** qián duō hǎo bànshì
전 다 호 판 사

돈이 많으면 일을 잘 처리한다.

➤ **錢到公事辦 火到猪頭爛**
전 도 공 사 판　화 도 저 두 란
qiándào gōngshì bàn, huǒdào zhūtóu làn

---

81) 衙 마을 아.
82) 偷 훔칠 투.

돈이 들어가면 관청 일이 해결되고, 불이 닿으면 돼지
머리도 삶아진다.[83]

📖 **指佛穿衣 賴佛吃飯** zhǐ fó chuānyī, lài fó chīfàn
　　지 불 천 의 　뇌 불 흘 반

부처에 의지하여 옷을 입고 밥을 먹는다.

➤ **和尚吃八方** héshang chī bāfāng
　　화 상 흘 팔 방

화상(중)은 사방팔방에서 얻어먹는다.[84]

📖 **千金買房 萬金買隣**
　　천 금 매 방 　만 금 매 린
qiānjīn mǎi fáng, wànjīn mǎi lín

천금으로 집을 사지만 이웃은 만금을 줘야 산다.

➤ **千貫治家 萬貫結隣**
　　천 관 치 가 　만 관 결 린
qiānguàn zhìjiā wànguàn jiélín

일천 꾸러미의 돈으로 집을 꾸미고, 만관의 돈으로는
이웃과 친교를 맺는다.[85]

---

83) **錢** 돈 전. **辦** 주관할 판. **爛** 문드러질 난, 불에 데다.
84) **指** 손가락 지, 의지하다. **穿** 뚫을 천, 옷을 입다. **賴** 힘입을 뇌(뢰).

📖 **千金易得 知音難求** qiānjīn yì dé zhīyīn nán qiú
　　천금이득　지음난구

천금은 쉽게 얻을 수 있지만, 마음을 알아주는 친구는 얻기 어렵다.

➤ **朋友有責善之道** péngyou yǒu zé shàn zhī dào
　　봉우유책선지도

봉우는 서로 좋은 일을 권장해야 하는 의무가 있다.86)

📖 **千人所指 無病而死**
　　천인소지　무병이사
　　qiānrén suǒ zhǐ, wú bìng ér sǐ

천 명한테서 손가락질을 받는다면 병이 없어도 죽는다.

➤ **千人咒 萬人罵** qiān rén zhòu, wàn rén mà
　　천인주　만인매

천 사람이 저주하고 만 사람이 욕을 한다.87)

---

85) **隣** 이웃 린. **貫** 꿸 관, 엽전 1,000개를 꿴 꾸러미를 貫이라 함.
86) **責善** 좋은 일을 권장하고 실천하도록 같이 노력함. 상책이선(相責以善).
87) **咒** 빌 주, 저주하다, 주(呪)와 同字. **罵** 욕할 매.

📖 **晴天留人情 雨天好借傘**

청 천 유 인 정　우 천 호 차 산

qíngtiān liú rénqíng, yǔtiān hǎo jiè sǎn

맑은 날에 인정을 베풀어야 비 오는 날에 우산을 빌릴
수 있다.

➤ **晴天要備陰天傘** qíngtiān yào bèi yīntiān sǎn

청 천 요 비 음 천 산

맑은 날에 우산을 준비해야 한다.[88]

📖 **治世用文 亂世用武**

치 세 용 문　난 세 용 무

zhìshì yòng wén, luànshì yòng wǔ

치세에는 숭문崇文정책을, 난세에는 숭무崇武정책을
쓴다.

➤ **治亂世用重刑** zhì luànshì yòng zhòngxíng

치 난 세 용 중 형

난세를 다스리려면 형벌을 무겁게 해야 한다.[89]

---

88) **晴** 맑을 청, 비가 개다. **借** 빌릴 차. **傘** 우산 산.

89) **崇** 받들 숭.

親不親 故鄉人 qīn bù qīn, gùxiāngrén
친 불 친 고 향 인

친하건 안 친하건 고향 사람이다.

美不美 故鄉水 měi bù měi gùxiāngshuǐ
미 불 미 고 향 수

좋건 안 좋건 내 고향의 물.90)

打狗看主人 dǎgǒu kàn zhǔrén
타 구 간 주 인

개를 때리면서도 개 주인을 본다.

打狗傷主人 dǎgǒu shāng zhǔrén
타 구 상 주 인

개를 때려 주인의 체면을 깎다.91)

把張三當李四 bǎ Zhāngsān dàng Lǐsì
파 장 삼 당 이 사

장씨 집 셋째를 이씨 집 넷째 아들이라고 생각하다.

---

90) 鄉 시골 향, 고향(故鄉).
91) 傷 다칠 상.

378

➢ **不管大哥二哥麻子哥** bùguǎn dàgē èrgē mázigē
부 관 대 가 이 가 마 자 가

큰형이건 둘째형이나 곰보형이라도 상관없다.92)

📖 **避獐逢虎** bí zhāng féng hǔ
피 장 봉 호

노루를 피했더니 호랑이를 만나다.

➢ **前門拒虎 後門進狼**
전 문 거 호   후 문 진 랑
qiánmén jù hū, hòumén jìn láng

앞문에서 호랑이를 막았더니 후문으로 이리가 들어온
다.93)

📖 **虎落平原被犬欺** hǔluò píngyuán bèi quǎn qī
호 락 평 원 피 견 기

호랑이도 평지에 나오면 개들에게 당한다.

➢ **去時鳳凰不如鷄** qù shí fènghuáng bùrú jī
거 시 봉 황 불 여 계

---

92) **麻子** 곰보 자국, 얼굴이 얽은 사람.
93) **獐** 노루 장. **逢** 만날 봉.

때를 잃은 봉황은 닭만도 못하다.[94]

📖 **好人不香 壞人不臭**
호 인 불 향　괴 인 불 취
hǎorén bùxiāng, huàirén bùchòu

착한 사람이라도 향기 없고, 나쁜 사람이라도 악취 없다.

➤ **天下的好人心連心** tiānxià de hǎorén xīn lián xīn
천 하 적 호 인 심 련 심

세상 착한 사람들의 마음은 다 같다.[95]

📖 **好花也得綠葉扶** hǎohuā yě děi lǜyèfú
호 화 야 득 녹 엽 부

좋은 꽃이라도 푸른 잎이 받쳐 주어야 한다. (영재英才
도 대중의 지지가 필요하다.)

➤ **爲有源源活水來** wéi yǒu yuán yuán huó shuǐ lái
위 유 원 원 활 수 래

근원이 있기에 샘에서 살아있는 물이 나온다. (대중
속에 뿌리를 내려야 한다.)[96]

---

94) **虎落平原** 불리한 지경에 처하다. **欺** 속일 기, 무시당하다.
95) **壞** 무너질 괴, 나쁜, 고장 나다.

畫龍畫虎難畫骨 huàlóng huàhǔ nán huàgǔ
화 룡 화 호 난 화 골

용과 호랑이를 그려도 뼈는 그리지 못한다.

交友容易交心難 jiāoyǒu róngyì jiāo xīn nán
교 우 용 이 교 심 난

벗으로 사귀기는 쉬워도 마음을 주고받기는 어렵다.[97]

吃硬不吃軟 chī yìng bù chī ruǎn
흘 경 불 흘 연

세게 나오면 먹혀들고 좋게 말하면 안 듣는다.

吃軟不吃硬 chī ruǎn bù chī yìng
흘 연 불 흘 경

부드럽게 대하면 먹히지만 강압적으로 나오면 반발한다.[98]

吃耳光 陪笑臉 chī ěrguāng péi xiàoliǎn
흘 이 광 배 소 검

---

96) 源 근원 원, 물이 계속 흐르는 모양, 샘.
97) 畫 그림 화. 難 어려울 난.
98) 硬 굳을 경, 강경(强硬)하다. 軟 부드러울 연, 유연(柔軟).

뺨을 맞으면서도 웃는 얼굴로 모시다. (굴욕을 참으며 아부하다.)

➤ **望塵而拜** wàng chén ér bài
  망 진 이 배

높은 사람 수레의 먼지를 바라보면서 절을 하다. (아첨하다.)[99]

📖 **戲法無眞 黃金不假**
  희 법 무 진   황 금 불 가
  xìfǎ wú zhēn, huángjīn bù jiǎ

마술에 진실 없고 황금에 가짜 없다.

➤ **戲子無義 婊子無情** xìzi wú yì biǎozi wú qíng
  희 자 무 의   표 자 무 정

놀이패는 의리 없고 창기는 정이 없다.[100]

---

99) **耳光** 뺨, 따귀. **陪** 모실 배, 곁에서 도와주다.
100) **戲** 놀이 희. **婊** 화냥년 표. **婊子** 기생, 창녀.

中國人의 俗談

초판 ∣ 인쇄일 2010년 2월 5일
초판 ∣ 발행일 2010년 2월 10일

지은이 ∣ 陳起煥
펴낸이 ∣ 金東求
펴낸데 ∣ 明文堂(창립 1923. 10. 1.)
주 소 ∣ 서울특별시 종로구 안국동 17-8
우체국 ∣ 010579-01-000682
전 화 ∣ (영업) 733-3039, 734-4798 FAX 734-9209
         (편집) 741-3237
등 록 ∣ 1977. 11. 19. 제 1-148
ISBN 978-89-7270-940-1 (00820)
ⓒ 2010 진기환

정가 8,000원